DURCH DAS NACHEINANDER

Peter Stiefel
DURCH DAS NACHEINANDER

BENTELI

Impressum

© 2008 by Benteli Verlags AG Bern sowie Peter Stiefel
© 2008 für die abgebildeten Werke bei Peter Stiefel
© 2008 für die Texte bei den Autoren

Herausgeber:
Peter Stiefel

Texte:
Martin Kraft
Franco Lafranca
Max Ramp
Peter Stiefel
Peter K. Wehrli

Fotografien:
Beat (Pino) Bühler
Ernst Egli (Matias Spescha und Peter Stiefel)
Gaechter + Clahsen (Mario Merz)
Bruno Hubschmid
Peter Kopp
Christian Kurz
Franco Lafranca
Peter Paul (Peter Stiefel in Hamburg)
Momino Schiess
Peter Stiefel
Denise Züst (Max Ramp)
Ernesto Voegeli

Verlagsredaktion:
Peter Graf, Benteli Verlag

Gestaltung:
Alex Demarmels, Büro für Gestaltung, Thalwil

Lithografie:
Sota AG, Bernhard Bruckmann, Zürich

Druck:
Heer Druck AG, Sulgen

Buchbinderei:
Buchbinderei Burkhardt AG, Mönchaltorf

ISBN 978-3-7165-1528-0
Benteli Verlag Bern und Sulgen
www.benteliverlag.ch

Dank

Die vorliegende Publikation wurde durch die grosszügige Unterstützung folgender Institutionen und Personen ermöglicht:

GEORGES UND JENNY BLOCH STIFTUNG,
Rüschlikon / Zürich

DR. ADOLF STREULI-STIFTUNG, Zürich

Urs Buchmann, Cavigliano / Tessin
Alex Demarmels, Thalwil / Zürich
Regula Schiess Stiefel, Kilchberg / Zürich
Matias Spescha, Bages / Frankreich

Inhaltsverzeichnis

9   *Peter K. Wehrli*
        «Auf der Suche nach neuen Symbolen
        finde ich die alten unbenützt»

15   *Peter Stiefel*
        Notizen zur Arbeit

29   Arbeiten von 1979 bis 2008

37   *Max Ramp*
        Opera

43   *Dagmar Weck*
        Auf der Suche nach der langsamen Zeit

53   *Martin Kraft*
        Ein ganzes Jahr lang Köpfe

79   *Franco Lafranca*
        Vorstellung Peter Stiefel
        anlässlich der Vernissage 2005
        im Centro diurno, Muralto

        Anhang

        Peter Stiefel:
148   Biografie
148   Ausstellungen
149   Bibliografie

157   Biografien der Autoren

*Ich frage Max Ramp, ob er «Nach dem Durcheinander»
als Buchtitel gut finde.
Max Ramp sagte: «Das heisst ‹Durch das Nacheinander›».*

Peter K. Wehrli
«Auf der Suche nach neuen Symbolen finde ich die alten unbenützt»

Ein Capriccio über Symbolhandwerk und Naturprüfung

Auf diesen Satz war ich nicht vorbereitet. Deshalb ist er in meinem Kopf steckengeblieben, seit damals, als Peter Stiefel ihn sagte: *«Malen heisst nichts anderes als: eliminieren!»* Wegmalen vielmehr als hinmalen. Ein solches Vorgehen hat mich irritiert, beunruhigt. Und die Irritation ist geblieben, auch nachdem mir Peter erläutert hat, wie sein Satz gemeint sei: *«Alles was schön ist im Bild musst du wegmalen!»* Das Thema ist im Bild, du brauchst es also nicht mehr explizit zu zeigen: *«Du hast eine schöne Blume gemalt. Dann malst du alle jene Dinge, die um diese Blume herum sein sollen. Damit das Bild gültig bleibt, musst du die Blume jetzt wegmalen».* Die Blume hat das Bild ausgelöst, jetzt gehört sie nicht mehr hinein. Das heisst: Sie ist drin, auch wenn sie nicht mehr zu sehen ist. Ihr Wesen bleibt erhalten in den Dingen, die sie umgeben. Sie ist zu spüren. Denn von ihr ist alles ausgegangen. So kann tatsächlich nur ein Künstler reden, der sich bewusst ist, dass Kunst nicht ‹abbilden› bedeutet, sondern ‹erfinden›, Bilder erfinden. Und dies auch dann, wenn die Grundlage des Bildes etwas ist, das nicht erfunden werden muss, weil es ‹es› schon gibt. Erfunden werden muss das Bild, nicht sein Gegenstand.

Wegmalen, eliminieren: So richtig klar, nachvollziehbar wurde mir dieser Sachverhalt als mir Peter Stiefel dann während einer Ausstellung in Esther Hufschmids Galerie in der Predigergasse das Entstehen gewisser Bilder demonstrierte: Stiefel hat, was er gemalt hat, immer wieder übermalt. Weiss übermalt. Und jedes Mal ist eine neue Bildfläche entstanden, auch wenn er aus der darunterliegenden Farbschicht ein Element in die obere Schicht übernommen hat. Aus der Tiefe der Schichten fügt sich so das Bild zusammen. Den Gesteinsschichten der Natur entsprechen Farbschichten im Bild: Erdoberfläche und Bildoberfläche. Es stimmt also doch: Ein gutes Bild ist stets ein Bild von Allem.

Was sich da wie eine Wegleitung zur Malpraxis ausnimmt, erscheint ins Konzeptuelle verschoben, wenn man in Betracht zieht, dass zu jenem Zeitpunkt das Projekt «500 Lohan» durch den Galerieraum und durch Peters Kopf funkte: In vielen buddhistischen Tempeln gibt es einen Anbau, in dem fünfhundert Heiligenfiguren, sogenannte ‹Lohan›, aus Ton stehen. Dieses Heiligtum veranlasste Peter Stiefel ein Bild von fünf Quadratmetern Grösse in Angriff zu nehmen. «500 Lohan» sollte es heissen. Er vertiefte sich in dieses Figurenarsenal, das sich zum sakralen Universum fügt. Er malte. Und als das riesige Bild fertig war, waren nicht fünfhundert Figuren darauf zu sehen, sondern eine einzige. Die 499 andern liegen begraben in den zahlreichen Farbschichten darunter. ‹Weggemalt›. Konzentration, Verdichtung, solche Begriffe schlagen da als Stichworte herein. Und ein drittes noch, das Peter Stiefels Entwicklung durch Jahrzehnte hindurch begleitet: Die Suche nach der Tragkraft von Symbolen. Hier nun steht eine einzelne Person symbolhaft für alle andern. Sein eigenwilliger Umgang mit der Symbolkraft erlaubt es Peter, Dinge als Symbole zu definieren, zum Symbol zu erklären, wo sich etliche seiner Kollegen damit begnügen, Dinge mit sanktioniertem Symbolwert in ihre Bilder zu übernehmen. Vom stiefelschen Symbolhandwerk wird später noch zu reden sein müssen. Wir sind jetzt ja bei den Lohans: Um sich an diesen enormen Komplex heranzuarbeiten, führte Peter Stiefel ein Tagebuch. Nicht eines auf Papier mit Kugelschreiber. Peter Stiefels Tagebuch war aus Lehm. Aus ihm formte er ein Jahr lang jeden Tag einen Kopf. Und hie und da nahm er auch Schamotte, Holz oder Muschelkalk dazu. Er drückte seine Stimmung und die Gedanken, zu denen sie führte, jeden Tag in den neuen Kopf hinein. Sich verändernde Gefühlslagen, Erlebnisse, aber auch die Nachrichten des Tages, dies alles hat Stiefel in seinem Tagebuch aus Köpfen protokolliert. So kommt es denn, dass es neben forsch dreinblickenden Gesichtern auch entstellte gibt, dass es Köpfe gibt ohne Profil, fast wie Kugeln, dass es neben Schädeln, die fast nur Hut sind, auch solche gibt mit Löchern an Stelle der Sinnesorgane. Die Systematik von Stiefels Arbeit am Tagebuch aus Lehm beeindruckt. Auch wo kein menschliches Antlitz mehr im Kopf erkennbar ist, als Skulptur hat er Bestand; der Kopf auch als Ausgangspunkt zu anderen bildnerischen Tagebucheintragungen. Das Bild und das Skulpturenjahr, das eine im andern: Es ist als hätten sich auf diese Weise die fünfhundert Heiligenfiguren zu einer einzigen verschmolzen. Denn: In dieser einzigen sind jetzt alle fünfhundert drin. Stiefels rigoroses Vorgehen wirft auch ein unerwartetes Licht auf die altbekannte Feststellung, ein Bild werde erst im Kopf des Betrachters fertig! Da wird zudem spürbar, auf welchen verschlungenen Wegen Symbole entstehen können. (Achtung: Symbole stellen sich ein. Oft sogar ungerufen.)

«Die Zürcher Schädelstätte» lautet der provozierende Titel des Buches, in dem dieses ganze Jahr nun durchgeblättert werden kann. Da haben wir doch vorher von der Wirkungskraft der Symbole gesprochen. Jetzt ist Peter Stiefel ein Symbol für jeden einzelnen Tag gelungen, für seinen Tag, ein Zeichen, das jeweils vierundzwanzig Stunden zusammenfasst ... oder einen Augenblick. Er ist nicht zu vermeiden, der Ausdruck Symbol setzt sich jedem Bild ins Herz. Wie gesagt: davon später.

Zuerst noch ist ein Blick auf den Weg vonnöten, der Peter Stiefel in die Welt der Zeichen und der Räume geführt hat, die er mittlerweile zu seiner eigenen gemacht hat; – besser gesagt: die er sich ‹angearbeitet› hat. Bevor die Arbeit an Symbolen beginnen kann, muss ein Zeichen vorhanden sein, das sich dann vom Künstler mit Symbolkraft laden liesse. Und die Herkunft von Stiefels Zeichenarsenal ist im frühen Umgang mit dem Szenischen auszumachen, in dem nicht nur jede Geste zum ‹Zeichen› ritualisiert wird, in dem auch Innenraum als Aussenraum fortgesetzt werden kann. Peter Stiefel benutzt im Gespräch häufig den Ausdruck ‹Landschaftsraum›, der auffallenderweise ja oft in Diskursen zur Szenographie vorkommt. Also: Begonnen hat diese lebenslang nun anhaltende Suche nach den Zeichen schon in der Jugend. Der 1942 in Hausen am Albis geborene Peter Stiefel ist in einer Familie aufgewachsen, in welcher Umgang mit Kunst eine Selbstverständlichkeit war. Der Vater, Lehrer von Beruf, nahm ihn als Kind schon in Museen mit, öffnete ihm so die Augen für das Spiel mit den Bedeutungen, das die Künstler betreiben. So hat er früh denn mitbekommen, was eigentlich ein Bild zum Kunstwerk macht. Nicht etwa die erlernbare Perfektion der Maltechnik, sondern allein die Bedeutung, mit der der Künstler den abgebildeten Gegenstand zu versehen vermag. Die Grossmutter mütterlicherseits war die Schwester des Bildhauers Otto Charles Bänninger. Und so wurde der bedeutende Schweizer denn zum Paten von Peter Stiefel. Diese Umgebung prägte ihn so sehr, dass schon der neunjährige Knabe, auf die Frage, was er dereinst werden wolle, antwortete: «Künstler!». Und er ist es geworden. Er muss als Kind schon die Befreiung gespürt haben, welche die Selbstverwirklichung im intensiven schöpferischen Prozess dem Künstler zu schenken vermag. Diese wollte er selber auch erfahren. Verlockend schien ihm damals, wenn er die Väter seiner Klassenkameraden frühmorgens zur Arbeit eilen sah, auch die Möglichkeit, die Arbeitszeit selber festlegen zu können und sich nicht in einen verordneten Stundenplan einpassen zu müssen. Von Adliswil, wo sein Vater Schule gab, pilgerte er häufig nach Leimbach am Zürcher Stadtrand, jenem Quartier, das langezeit als das Zürcher Künstlerviertel galt, denn dort arbeiteten die grossen Fotografen Werner Bischof und René Burri und Emil Schulthess, der Maler Hans-Kaspar Schwarz und unter mehreren Schriftstellern auch die Dichterin Maria Lutz-Gantenbein. An der Hüslibachstrasse hatten junge Leimbacher den ‹Künstlerkeller Harlekin› eröffnet und wagten sich als ‹Jugend-Bühne Leimbach› an Theaterexperimente, die sie im dortigen Kirchgemeindehaus den erstaunten Quartierbewohnern vorführten. In dieser Atmosphäre des Aufbruchs bewegte sich Peter Stiefel gerne, denn in dieser Gruppe von Jugendlichen gab es das eine gemeinsame Ziel: Kunst in die Welt zu setzen. Wie nachhaltig und wichtig die damals empfangenen Impulse tatsächlich waren, das belegt Peter Stiefel in einer Widmung, in der er volle fünf Jahrzehnte später ‹die ersten literarisch-künstlerischen Anregungen›, die vom Harlekin-Keller ausgegangen sind, als ‹unvergessliche› bezeichnet. Im ‹Künstlerkeller-Harlekin› lernte er Jürg Wessbecher kennen, der ihn 1965 als Bühnenbildner ans Schweizer Fernsehen holte, das damals noch schwarz/weiss sendete. Im dramatischen Geschehen, das es ermöglicht, in der Aktion erst, erfüllt sich das Wesen des Bühnenbildes. Aus Leimbacher Gesprächen mit Stiefel ist mir der Eindruck hängen geblieben, da träume einer davon, einen Raum zu schaffen, in dem das Geschehen, die Handlung drin enthalten ist, auch wenn er nicht von Schauspielern bespielt wird, sondern Bild bleibt. In dieser Tätigkeit jedenfalls verfeinerte Peter sein Gefühl für Raumgehalt und seine Wirkung, sodass er in Rom als Art Director den Film «Necropolis» von Franco Brocani mitgestalten konnte. Die Nachwirkungen dieser Beschäftigungen sind heute noch in Stiefels Radierungen ablesbar: Er formuliert den Bildraum als Szenerie. Und wieder: Aus ihr hat er die Handlung ‹weggemalt›. Versteckte Aktion, bin ich zu sagen versucht. Die übermalte Blume aus Stiefels Erzählung am Anfang kommt da in anderer Umgebung heftig zum Blühen. Die Erfahrungen im Umgang mit szenischen Raummodellen sind ihm auch 1978 zugute gekommen, als er mit Harald Szeemann zusammen an der Ausstellung «Monte Verità» arbeitete und dem Bühnenbildner Peter Bissegger beim Bau der kleinteiligen Modelle realer und fiktiver Bauten assistierte. Und wo von Szenerie die Rede ist, drängt sich ein Begriff wie selbstverständlich auf: Environment. Da wird Raum nicht eingeübten Akteuren überlassen, da wird der Betrachter einbezogen, da wir er zum Akteur.

Diese Aufgabe teilt Stiefel den Besuchern sogar dort zu, wo er rein graphische Elemente zur ausladenden ‹Umgebung› zusammenfügt, zum Raum, der sich wie in der Abfolge «5 Kontinente und Atlantis» über sechs Stockwerke der Reumaklinik des Universitätsspitals Zürich ausweitet. Eine solche Auffassung macht auch aus den zehn grossformatigen Radierungen der «Eggbühler Jahreszeiten» einen Handlungsraum für den lebendigen Jahreslauf. Und dann will mir scheinen, auch in der zum Begehen einladenden Konstruktion «Ponte Scala» im Campo Nomade Primaverile im Val Bavona verbinde sich die Architekturvision mit dem Umgebungs-Raumkonzept des Bühnenbildners, der Peter Stiefel war. Bildraum – Handlungsraum – Landschaftsraum – Umgebung, die Räume setzen einander selbsttätig fort. Sogar in den dreidimensionalen Arbeiten der Serie «Das Sommergrab» erstaunt die Vielzahl von Deutungen, die Stiefel dem zur Bühne erklärten Raum zu geben vermag: Die Fläche eines Podestes, eines Sockels kann da zur auf Quadratdezimeter reduzierten Abkürzung für die ganze Welt werden. Wie hiess doch das oben gebrauchte Stichwort? Konzentration, Verdichtung. Und sogar wenn Stiefel den Raum im Grafikblatt auf zwei Dimensionen herunterfährt, verströmt er, der Raum, die ebenbürtige Dichte (genauer: Dichtigkeit) wie der in drei Dimensionen real ausgeführte. Ein Musterbeispiel für diese Szenenraum-Bildraum-Interaktion sind die grossartigen Blätter und Skulpturen zum Thema «Der Schlaflose», das Stiefel eine ganze Entwicklungsphase hindurch begleitete.

Wichtig wurde dann Stiefels Arbeit im legendären Kupferdruckatelier von Peter Kneubühler in Zürich. In der Zusammenarbeit mit bedeutenden Künstlern wie Martin Disler, Erich Fischl, James Turrell, Markus Raetz, die alle ihre Grafik bei Kneubühler drucken liessen, eignete er sich eine tiefgehende Kenntnis der Druckkunst an. Versehen mit diesen umfassenden Erfahrungen und Kenntnissen betreibt Peter Stiefel nun eine eigene Druckwerkstatt in Kilchberg, in der er sein Wissen an oft viel jüngere Kollegen weitergibt. Nicht minder überzeugt und engagiert tut er dies auch als Präsident der Zürcher Sektion von «Visarte», des Berufsverbandes visuelle Kunst.

Die Auseinandersetzung mit dem Raum in allen der möglichen Dimensionen führt dazu, dass Stiefel sogar die davon unbeladene Kategorie ‹Raum› zum Symbol gerinnt, so wie dies ihm mit Zeichen und Formen geschehen kann. Dieses Erarbeiten von Symbolen für komplizierte und deshalb nur langwierig zu beschreibende und darzustellende Sachverhalte passioniert Peter Stiefel seit je: Er sucht mit jedem Kratzer des Stichels und jedem Strich des Pinsels nach einer Formel für die Vorgänge zwischen Leben und Tod, für die Bedingungen und die Situationen des Daseins. Ein solches Zeichen darf, das ist ihm bewusst, nicht vereinfachen, simplifizieren, es muss den Sachverhalt konzentrieren. So erhalten denn die verwunschenen Gegenstände in seinen Bildern oft die Einprägsamkeit eines Logos. Und in den geglücktesten Fällen wird das Bild selbst zum Logo. Und damit ist nun wieder Abkürzung gemeint, Verdichtung und Kondensat: Ein Zeichen, das den ganzen Komplex von Bedeutungen aufreisst, die dem so gefassten Thema innewohnen. Wie weit sich Peter Stiefel auf seiner Suche in unerforschtes Gelände gewagt hat, erhellt sein bestürzender Satz: *«Auf der Suche nach neuen Symbolen finde ich die alten unbenützt»*. Enttäuschung und Glücksgefühl sprechen aus diesem Satz, die Enttäuschung, so viele Möglichkeiten vernachlässigt zu sehen, das Glück diese nun selber ergreifen und den gewählten Gegenstand eigenhändig in andere Bedeutungsebenen hineinbrechen zu können. Beklemmend wie präzis und dennoch vieldeutig Peter Stiefel in einem solchen Satz die «Condition artistique» zu fassen versteht.

Natürlich hätten wir oben beim Erwähnen des «Ponte Scala» im Val Bavona ihren Symbolwert mitreflektieren können. Denn gemeinhin wird die Brücke ja als Symbol verwendet für Begegnung, Kommunikation. Peter Stiefel aber geht weiter. Bei ihm wird die Brücke zum Symbol der ganzen Landschaft, die sie überspannt: das Tal. Und er benennt diese Grafik nicht, wie andere es täten, mit «Die Brücke», sondern mit «Das alte Tal». Diesen erweiterten Umgang mit den Symbolen demonstriert Stiefel in einer Serie von Holzschnitten, die er in einem wunderschönen Buch zusammengefasst hat mit dem Titel: «Das Birnenholz». Weil das Holz, in das er seine Bilder geschnitten hat vom Stamm des Birnbaumes kommt. Da ist auch ein Blatt, auf dem ein Boot zu sehen ist mit Ruderern. «Das Boot», könnte man meinen. Aber Stiefel korrigiert: «Die Reise!». Ich habe noch selten soviel Aufregendes erfahren über den Umgang mit der Kraft der Symbole wie bei diesem Besuch in Peter Stiefels Atelier. Es ging sogar soweit, dass ich völlig verunsichert auf mein Lieblingsblatt im Buch starrte: «Der schwarze See». Und ich kam mir schwerköpfig vor, weil ich anfangs nicht erkennen wollte, dass die Fläche des Sees für all das steht, was der Stausee überschwemmt hat. Für all das steht, was man im Bild nicht sieht. Weil es ‹weggemalt› ist. Pardon: weggedacht!

Ich fasse den Mut, es nun so pauschal zu sagen: Im Grunde ist jedes von Peter Stiefels Bildern ein Naturbild. Und dies nicht nur dort, wo ein See, ein Baum, eine Landschaft erkennbar ist. Auch wenn er einen Leuchtturm darstellt, so entsteht ein Naturbild und nicht etwa der Landschaft wegen, in welcher der Leuchtturm steht. Und auch nicht des Meeres wegen. Nein, des Leuchtturmes wegen. Denn dieser Leuchtturm welkt. Und das ist bekanntlich ein Zeichen für das Wirken der Natur. Was Pflanzen tun, das tun in diesen Bildern auch Gebäude.

Sie welken. Peter Stiefels Kunstschaffen ist eine grundsätzliche Auseinandersetzung mit der Natur. So darf er es wagen, alles, wirklich alles, sogar das Gebaute und die technische Welt, den Regeln der Natur auszuliefern. Mit umfassender Überzeugtheit holt er alles, alles, was ist, in die Natur herein. Und durch sie schickt er alles hindurch. Sie dient ihm als Prüfstand für jedes Ding. Ein Gegenstand wird erst dann der Betrachtung wert, wird erst dann relevant, wenn er die Naturprüfung bestanden hat. Stiefel setzt alle Dinge den Kräften von Wachsen und Welken aus. Und macht so erschreckend deutlich, wie sich die Vergänglichkeit auch dem vermeintlich Beständigen in den Nacken setzt und es zerfrisst. Nicht nur das Feste kann da welk und baufällig werden, Stiefel kann den Blick auf die Natur auch umkehren. Als ob sich Organisches in die technische Welt hereinholen liesse: Das Blatt eines Baumes reduziert er auf seine innere Struktur, auf das Gerippe, und rückt es so in die Nähe von Netzplänen elektronischer Geräte. Der Verlauf der Kraftlinien ruft die Gestalt des Blattes nun vor unseren Augen hervor. Natur wird Technik und Technik wird Natur. So macht Peter Stiefel deutlich, welchem Widerspiel von produktiven und zerstörerischen Kräften wir Menschen lebenslang ausgesetzt sind.

Das heisst: Er hat ein Symbol für diesen grundlegenden Sachverhalt gefunden. Mit kritischer Neugier führt er Natur und Menschenwerk zusammen, lässt sie ineinandergreifen. Und liefert – als sei es ein Beiprodukt dieses Vorganges – so auch gleich eine bildnerische Studie zum Verhältnis des Natürlichen und des Künstlichen mit, und das heisst nichts anderes als: des Gegensatzes von Kunst und Natur. «Der gebaute Berg» und «Das gewachsene Haus», Dinge also, die aus dem Katalog der Unmöglichkeiten zu stammen scheinen, irrlichtern in seinen Blättern und Bildern und paraphrasieren listig das Widerspiel von bewusster Konstruktion (des Menschen) und Absichtslosigkeit (der Natur)

Bildstrukturen, die an statisch ausgeklügelte Baupläne erinnern, hat Peter Stiefel – in der Ausstellung 2007 bei Esther Hufschmid ist es einsehbar – aus Landschaftszeichnungen heraus entwickelt. Dann aber gibt er das technisch Konstruierte grosszügig der Natur zurück, sie nimmt dem Starren alles Unveränderliche, dem Unverrückbaren alles Beständige. Das Konstruierte wird Naturform, das Natürliche zum Konstrukt. Die Stangen, Balken, Sparren der Konstruktion sind ihrerseits wieder dem zersetzenden Zugriff der Natur ausgesetzt, der die Konturen auflöst. Das Gewachsene und das Gemachte in stetem Dialog – und dann auch wieder: im Widerstreit. Und dennoch lässt Stiefel keinen Zweifel daran, wo das Beständige zu suchen ist: im Wachsen und Welken.

Den Antagonismus von Künstlichem und Natürlichem trägt er auch in den wunderbar verstörenden Zeilen eines seiner Gedichte aus: « ... *ausser als atmendes Denkmal bringt seine Lebendigkeit keinen Nutzen*». Im Seitenhieb auf kleinliches Nützlichkeitsdenken bricht das Wissen auf, dass ein Denkmal, das atmet, kein Kunstprodukt sein kann, sondern als lebendiger Organismus Teil ist der Natur. Und Peter Stiefel hat eine Vision, die er nicht Utopie bleiben lassen will: Sein «Padiglione mobile per la Poesia» soll tatsächlich gebaut werden. Die Kraft der Poesie vermag alle Verhältnisse umzukehren. Der Pavillon, den ihr Peter Stiefel erbaut, wird Bestand haben. Denn die Poesie ist Teil von beidem: der Natur wie auch der Kunst. Und so leistet Peter Stiefel ein ebenso überzeugendes wie beeindruckendes Bekenntnis zur Wirkungskraft jeder schöpferischen Tätigkeit. Sie ist nicht mehr und nicht weniger als: Teilnehmen an der Natur.

Peter K. Wehrli

Notizen zur Arbeit

von Peter Stiefel

1964/65, Figur, Öl auf Leinwand, 83 x 45 cm

Meine Eltern waren kulturell sehr interessiert. Otto Charles Bänninger war ein Onkel meiner Mutter mütterlicherseits, so hatte sie die Gelegenheit, im Atelier von Germaine Richier, Bänningers damaliger Frau, in Zürich und Paris in den Dreissigerjahren mit dabei zu sein. Mein Vater, ein Lehrer, spielte ausgezeichnet Geige und hatte eine umfangreiche Bibliothek. Keine Frage blieb unbeantwortet. Meine Eltern unterstützten mich darin, mich kreativen Tätigkeiten zuzuwenden. So kam ich in die Kunstgewerbeschule, in die Klasse von Ernst Gubler.

Nach der Zeit an der Kunstgewerbeschule und der Lehre als Dekorateur bei der Firma Löw (1959), arbeitete ich für verschiedene Deko-Ateliers, bei Globus, für die Olma, Mustermesse Basel und Comptoire Suisse in Lausanne.

1964 hatte ich zum ersten Mal ein Atelier in Kilchberg, zusammen mit Max Wiederkehr, der damals mit meiner Schwester Christine verheiratet war.

Nach meiner Lehre Arbeit als Assistent bei dem Eisenplastiker Silvio Mattioli und als freischaffender Bühnenbildner beim Schweizer Fernsehen.

 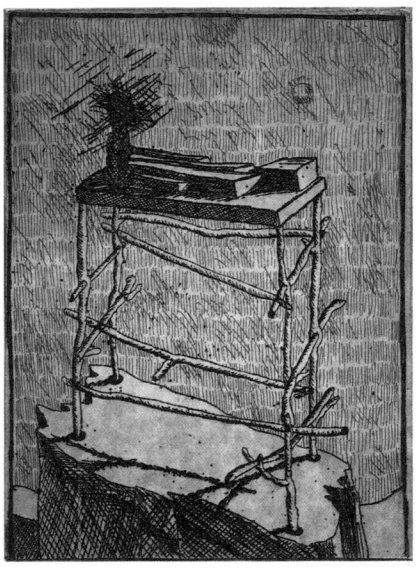 

1975, Die Schlaflosen, Radierungen, 16,5 x 12 cm, 21,5 x 16,5 cm

1975, Der Schlaflose, Bronze, H 50 cm

Heirat mit Heidi. Drei Jahre nach der Geburt unserer Tochter Andrea (1967) verliess ich Zürich und lebte drei Jahre in Rom. Durch Zufall Arbeit als «Scenografo» zusammen mit dem Regisseur Franco Brocani und mit Schauspielern des «Living Theater» sowie der «Andy Warhol Factory» für den Film «Necropolis».

Bei der Rückkehr aus Rom hatte ich die Gelegenheit, in Tremona bei Kurt Laurenz Metzler und Max Weiss zu arbeiten.

Mein Jugendfreund Peter Winkler, Gold- und Silberschmid (ein begnadeter Handwerker), hat mir die Technik des Sepiagusses beigebracht. Auch er arbeitete längere Zeit bei Kurt L. Metzler in Zürich und Tremona.

1972 machte ich für Friedrich Kuhn eine Polyesterfigur, zusammen mit Georg Stricker. Leider verstarb Friedrich Kuhn in diesem Jahr, die Arbeit blieb unvollendet.

Als mein Vater in Breganzona 1975 ein Haus kaufte, und ich mit Merry Hougthon nach einem Jahr Umbau endlich einziehen und im Dachstock ein romantisches Atelier beziehen konnte, war der Grundstein für «endlich arbeiten» gelegt. Vier Jahre in Breganzona

1978, Objekt
Muschelkalk/Osso Sepiaguss, H 30 cm

1979, Insel, Mischtechnik, 76 x 108 cm

war «die Zeit»: Im Keller machte ich Skulpturen aus Muschelkalk und liess Gipsfiguren in Mendrisio bei Perseo in Bronze giessen. In Breganzona haben mich viele Freunde besucht: Immer natürlich Max Ramp und Samy B. Gantner, sowie auch Kurt Laurenz Metzler, Timmermahn Klein, Willi Fees und der Kunsthändler und Taxifahrer Edi Meier.

Tobias Ammann kam und begeisterte mich, zusammen mit dem Düsseldorfer Architekten Ernst Jung, für das Projekt «Pastificio Vecchio» in Cavigliano, eine alte Teigwarenfabrik, steil über dem Isorno, mit Backstube und unendlich vielen Räumen, durch Investition vor dem Zerfall zu retten. Mit dabei waren Franz Meyer, This Gredig, Silvio R. Baviera und Edi Brunner. Beim Zusammenfluss des Isorno und der Melezza, unterhalb von Intragna gelegen, umgeben von wilden Felsen, Wassergrotten und üppiger Vegetation, entstand der zweite wichtige Block von Zeichnungen, Bildern und Skulpturen. Christoph Spörri stellte mir grosszügig einen kleinen Werkplatz zur Verfügung. Das war 1978, im Jahr der Geburt meiner Tochter Laila von meiner zweiten Frau Susanne, die ihren Sohn Kerim mit in die Ehe brachte. Es entstanden Arbeiten meist auf Papier, mit

1979, Flugobjekt, Mischtechnik, 108 x 76 cm

1980, Aquarium, Mischtechnik, 108 x 76 cm

starken Bleistiftstrichen und farbigen Schraffuren in Kreide, übermalt mit Acrylfarben.

Als Harald Szeemann 1978 die Ausstellung «Monte Verita» in Ascona inszenierte, arbeitete ich als Assistent von Peter Bissegger an den verschiedenen Modellen für die Ausstellung mit. Ich wurde grosszügig auch bei der Gestaltung von «Monte Verita» mit einbezogen. Unvergesslich, mit Harald Szeemann zusammenarbeiten zu können.

Ich kaufte mir schon in Breganzona eine kleine Radierpresse und versuchte mich autodidaktisch in dieser Technik, ohne grossen Erfolg. Als ich 1980 in Zürich von Peter Kneubühler und seiner Druckerei an der Kreuzstrasse erfuhr, besuchte ich ihn, unter dem Arm meine eher armseligen Erzeugnisse, und erklärte ihm, dass ich, nachdem Mary Burt im Atelier von Karl Guldenschuh mir einige Arbeiten gedruckt hätte, nun bei ihm gelandet sei. Er zeigte sich mir gegenüber offen und sagte zu mir: «Warum druckst du deine Arbeiten hier nicht selber?» Nach einigen Druckversuchen fragte mich Kneubühler: «Willst du nicht bei mir arbeiten?». Der Wendepunkt in meinem Leben war mein, wenn auch zögerndes, Ja.

Von da an war ich bei den spannenden drucktechnischen Entwicklungen mit den

1980, Tarnkappe, Radierung, 14,5 x 12 cm

1981, Cornet von Rilke «Das Fest», Mischtechnik, 70 x 50 cm

Künstlern Markus Raetz, Eric Fischl, James Turrell, Baldessari, Martin Disler, Urs Lüthi, Mario Merz und vielen anderen immer hautnah dabei und am drucktechnischen Prozess bald auch aktiv beteiligt. Zu dieser Zeit entstand auch die zehnteilige Serie zum «Cornet» von Rainer Maria Rilke.

1982, zurück im Tessin, habe ich Franco Lafranca kennen gelernt. Bei ihm fühlte ich mich sofort verstanden. Seine Druckrei für Siebdruck und später für Kupferdruck wurde für mich wieder eine Basis, in Richtung der Drucktechnik weiterzuarbeiten. Franco sagte «siamo incisori e stampatori», und er meinte damit, dass es das Handwerk ist, welches uns adelt.

Ein Monat auf Gran Canaria hat mir 1982 sehr geholfen, Distanz zur Drucktechnik zu bekommen. Wieder einmal mit einfachen Mitteln wie Tusche, weisser Kreide und Gewürzfarben aus Safran, Blättern und Kaffee zeichenhafte Bilder zu machen – ein Gastspiel. Ich habe dann bei Silvio R. Baviera, dem aktivsten und risikofreudigsten Galeristen in Zürich, eine Ausstellung mit diesen Bildern gemacht.

1982, Gran Canaria, Mischtechnik, 35 x 50 cm   1982, Gran Canaria, Mischtechnik, 35 x 50 cm

Das Buch «Das Sommergrab» («Tomba d'Estate») habe ich mit Beiträgen von Franco Lafranca, Silvio R. Baviera, Max Ramp, Samy Gantner, Verena Giger, Samuel Giger und Max Wiederkehr und mit Zeichnungen von Laila und Kerim im Eigenverlag herausgegeben.

Ein entscheidendes Erlebnis war, als mir Verena Volonte das Buch «Glück des Verstehens» von Lin Yutang geschenkt hat. Darin war die Beschreibung eines Bildes mit dem Titel «Das Bild der 500 Lohan». Eine Auflistung verschiedener Situationen, zum Beispiel «1 Person, die stehend in eine Schriftrolle blickt und sich dabei auf einen Stab stützt», oder «1 Person sitzt auf einer Brillenschlange, daneben angepflanztes Zuckerrohr», oder «3 Personen in Sandalen, Sonnenschirme tragend». Diese Beschreibung eines Bildes mit Situationen, die sich auch auf unser Leben übertragen lassen, hat mich gefangen genommen. Alle Landschaften, Figuren und Tiere dieser Geschichte sind so in meine Arbeit eingeflossen. Ich habe versucht, dieses Bild zu rekonstruieren, vielmehr, auf meine Art diese Aufzeichnungen zu interpretieren; es ist mir bis heute nicht gelungen.

1985, Zeremonienmeister, Radierung, 25 x 16 cm

1985, Die Fahne, mehrfarbige Radierung, 24 x 32 cm

1985, Das Gespräch, mehrfarbige Radierung, 24 x 32 cm

Für den Verein für Originalgrafik in Zürich habe ich einige mehrfarbige Radierungen gemacht.

Nach meinem endgültigen Wechsel vom Tessin nach Zürich hatte ich 1984 das Glück, durch Vermittlung des Bildhauers und ehemaligen Lehrers Otto Teucher eine Wohnung und das grosse Atelier des verstorbenen Carlo Vivarelli zu bekommen. Unvergleichlich die wieder neue Begegnung mit Otto Müller, Trudi Demut, Bert Schmidmeister und allen anderen Bewohnern dieser Atelier- und Wohngenossenschaft an der Wuhrstrasse, wo auch Friedrich Kuhn früher sein Atelier hatte. Otto Teucher, ebenfalls an der Wuhrstrasse wohnend, wurde zum väterlichen Freund, und die Erinnerung an die Arbeit bei Silvio Mattioli wurde wieder wach.

Mit der «Zürcher Schädelstätte» (jeden Tag ein Jahr lang einen Kopf modellieren, schnitzen, giessen usw.) versuchte ich, ein dreidimensionales Tagebuch zu führen, das mir helfen sollte, das Bild der 500 Lohan zu malen. Eine interessante Arbeit ist mit diesen 365 Köpfen entstanden, mit vielen Skizzen dazu, aber das Bild fehlt immer noch.

1986, Installation «Die Zürcher Schädelstätte», Galerie Esther Hufschmid

1987, Punk, 16 x 20,5 cm

Die Köpfe wurden bei Esther Hufschmid ausgestellt und die gesamte Installation vom Kunstsammler Alex Kleinberger gekauft. In der Sendung «Karussel» des Schweizer Fernsehens wurde 1987 ein kurzer Film darüber gezeigt und Urs Buchmann gab zur «Zürcher Schädelstätte» ein Buch heraus.

Durch die Vermittlung des Künstlers Stefan Kauffungen kam die Möglichkeit, parallel zu meiner Arbeit bei Peter Kneubühler als Zeichnungslehrer an der «Mittelschule Dr. Buchmann» zu arbeiten. Sieben Jahre, die neben den drucktechnischen Herausforderungen bei Kneubühler mir die Gelegenheit gaben, mit jungen Leuten und ihren oft frischen und interessanten Arbeiten konfrontiert zu werden. Die Serie «Punks» verdanke ich denn zum Beispiel auch den trotzigen, spontanen Zeichnungen meiner Schüler.

1986 Kilchberg. Mein Vater stellte mir und Ursi, meiner damaligen Frau, mit ihrer Tochter Sarah eine grosszügige Wohnung mit Atelier zur Verfügung. Hier habe ich im Verlauf der Zeit ein kleines, gut funktionierendes Atelier für Kupferdruck und Xylografie eingerichtet.

1992, Herbst, Eggbühler Jahreszeiten, 107 x 76 cm   1992, Sommer, Eggbühler Jahreszeiten, 107 x 76 cm

Nachdem ich gesundheitlich nicht mehr in der Lage war, acht Stunden am Tag Auflagen zu drucken, trennte ich mich von Peter Kneubühler und gab in Kilchberg Kurse für Drucktechniken, Radierungen, Linol- und Holzschnitte. Mit dabei waren u.a. Roberto Brand, mein Bruder Ruedi Stiefel und Alex Demarmels, der daraufhin für einige Jahre mein Atelierpartner wurde.

Bei Peter Kneubühler habe ich auch Peter Paul, den Maler/Zeichner und virtuosen Litho-Künstler kennen gelernt. 1991 lud er mich ein, als «sein Drucker» nach Irsee zum Schwäbischen Kunstsommer zu kommen. Unter dem Motto «Kunst leben» arbeitete ich neben Künstlern wie Bernhard Heisig, Franz Hitzler, Elvira Bach, Norbert Klassen und andern in diesem ehemaligen Kloster bei Bad Wörishofen.

Im gleichen Jahr erhielt ich von der Firma «Fides Trust AG» den Auftrag, in der Eingangshalle ihres Gebäudes zehn grossformatige Radierungen mit dem Werktitel «Eggbühler Jahreszeiten» zu realisieren. Mit der Hilfe von Peter Kneubühler habe ich nach einigen drucktechnischen Experimenten diese Arbeit im Entrée des Gebäudes

1992, Eggbühler Variation,
Mischtechnik Collage, 108 x 76 cm

1996, Installation «Das Birnenholz», Galerie Esther Hufschmid

der «Fides Trust» montiert. Dazu wurde eine Mappe von fünf Exemplaren gedruckt. Hamper von Niederhäusern war bereit, die Montage mit grosser Sorgfalt zu übernehmen.

Da bei der Druckarbeit der «Eggbühler Jahreszeiten» viele verschiedene Zustandsdrucke entstanden waren, überarbeitete ich diese. Es entstanden Blätter, die in Form von Collagen und Übermalungen eine weitere Serie von ungefähr zwölf Blättern ergaben.

1994 lud mich der Architekt Niklaus Kuhn zu einem Wettbewerb des Unispitals Zürich ein. In der Rheumaklinik hatte ich die Gelegenheit, unter dem Titel «5 Kontinente und Atlantis» sechs grossformatige Serigrafien zu schaffen. Franco Lafranca druckte die 210 x 210 Zentimeter grossen Serigrafien. In 70 x 70 Zentimeter grossen Segmenten wurden die Arbeiten in neun- bis zu zehnfarbigen Tafeln gedruckt und von Hamper von Niederhäusern in sechs Stockwerken der Rheumaklinik montiert.

Eine sehr stille Arbeit, «Der Kreuzweg» (Via Crucis), entstand 1993, wieder in Zusammenarbeit mit Franco Lafranca: Radierungen, kombiniert mit Serigrafie.

Als mich Peter Paul 1996 zu sich in sein Atelier nach Hamburg einlud, nahm ich

1996, Wanderer, mehrfarbiger Holzschnitt, 120 x 180 cm

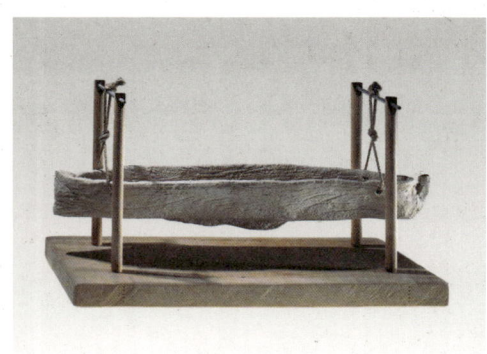

1998, Objekt, Schamotte und Holz,
H 20 x B 14 x L 40 cm

vierzig Birnenholz-Bretter und meine Holzschnittmesser mit. In der Folge entstanden im grosszügigen Atelier von Peter Paul die vierzig Holzschnitte, die ich in einem Buch mit dem Titel «Das Birnenholz (Nächtliche Entscheidungen in Hamburg)» mit einer Auswahl von 24 Motiven zusammenfasste. In einer Auflage von 24 plus zwei Exemplaren druckte ich das Buch in meinem Atelier in Kilchberg und stellte es mit je einem zum Buch gehörenden Unikat bei Esther Hufschmid aus. Als ich im gleichen Jahr für die Ausstellung der IG-Halle in Rapperswil an dem 120 x 180 Zentimeter grossen Holzschnitt arbeitete, wusste ich noch nicht, dass mich dieses Medium immer wieder beschäftigen würde.

Parallel zu meiner grafischen Arbeit entstanden zahlreiche Objekte aus verschiedenen Materialien wie Holz, Schamotte und Metall.

Etwa zur gleichen Zeit fragte mich Michael Arenz, der Herausgeber der Literatur- und Kunstzeitschrift «Der Mongole wartet», aus Bochum an, bei ihm mitzuarbeiten. In diesem Zusammenhang lernte ich auch die Schriftstellerin Dagmar Weck kennen, die begann, meine Arbeiten zu sammeln.

Bariègl (Korb) und Ponte Scala (Teil eines Wanderweges)

Im «Campo Nomade Primaverile» im Val Bavona hat Franco Lafranca sein über Generationen vererbtes «terreno» für verschiedene Künstler zur Verfügung gestellt. Neben dem Granitlabyrinth von Luca Mengoni und dem Brunnen von Gian Mario Togni habe ich die begehbare Konstruktion «Ponte Scala» aus Holz und den Korb «bariègl», mit Hilfe von Sami Scherrer, Franco Lafranca und Samy B. Gantner realisiert.

1998 wurde ich auf Empfehlung von Peter Paul als Gastprofessor für Druckgrafik der Fachhochschule für Gestaltung Hamburg eingeladen. An der Ausstellung der Professoren stellte ich 20 Radierungen in allen mir bekannten Techniken aus.

Im Frühling des Jahres 1999 arbeitete ich wieder bei Peter Kneubühler, der schon sehr krank war. Als er im selben Jahr starb, versprach ich ihm zwei Tage vor seinem Tod, mit Antje Rövekamp das Atelier bis zur Vollendung aller Arbeiten weiter zu führen. Im grossen Atelier an der Seebahnstrasse arbeiteten Antje, die langjährige Weggefährtin und Mitstreiterin, und ich noch einige Monate weiter. Dann begann das traurige Aufräumen. Zusammen mit Peters Frau Esther Hufschmid nahmen wir

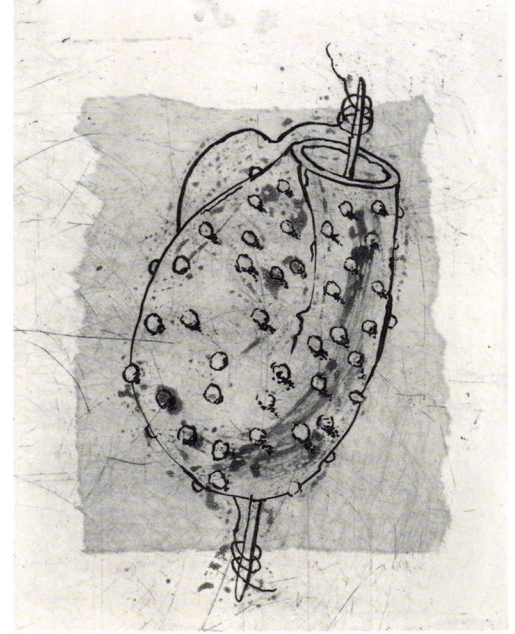

1998, Afrikanische Leiter, Radierung, 50 x 38 cm   1998, Der Kürbis, Radierung, 50 x 38 cm

Abschied von den treuen Druckpressen, die nach Luzern an die Hochschule für Gestaltung verkauft wurden. Ein trauriger Moment.

2000 fragte mich Hans Ueli Jordi an, ob ich von Matias Spescha für den «Verein für Originalgrafik» drei Blätter drucken würde. Damit begann eine intensive Arbeit mit Matias Spescha. 2001 holte er mich nach Bages, um mit zwei anderen Mitarbeitern beim Projekt «Lieu de Rencontres» in Lac (Sigean), Südfrankreich, mitzuarbeiten.

Für den Künstler Jan Jedlicka druckte ich in Kilchberg sein Mappenwerk «Hills and Trees». Bei dieser anspruchsvollen Arbeit half mir der Künstler und Drucker Gregor Lanz, mit dem ich schon bei Peter Kneubühler zusammen gearbeitet hatte. Auch zu Jans zentralem Thema «Maremma» entstanden in meinem Atelier zahlreiche Blätter. Und mit dem jungen Künstler Kerim Seiler arbeite ich seit einigen Jahren intensiv zusammen.

Seit dem Jahr 2000 habe ich für Matias Spescha sämtliche Radierungen gedruckt. Bei den z.T. schwierigen Arbeiten half mir immer wieder mein Druckerfreund Gregor Lanz.

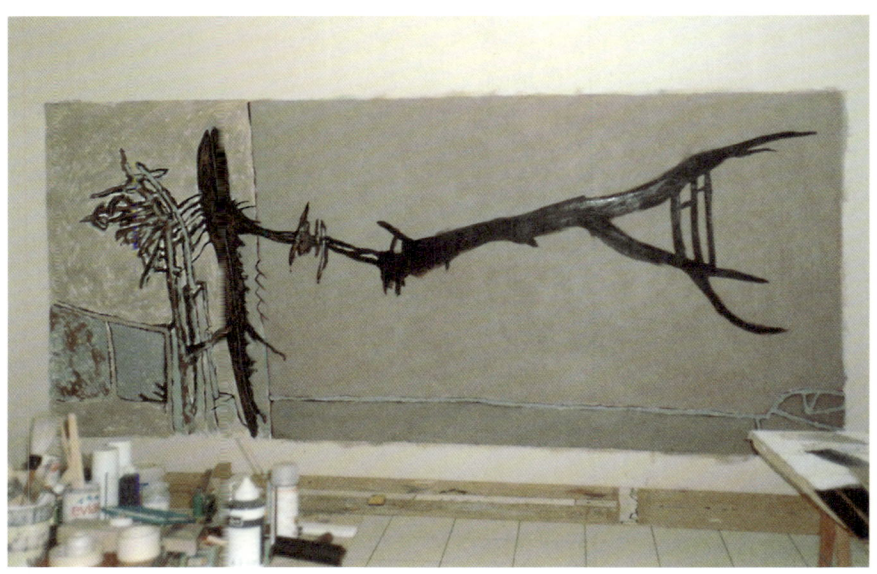

2002, Atelier Spescha, Pejriac

2002, «Turm», Karton, Leinwand, Zement, bemalt, H 220 cm

Ein Jahr später machte Matias Spescha mir das Angebot, in seinem Gastatelier in Peyriac, Südfrankreich, für mich arbeiten zu können. Meine Frau Regula und ich verbrachten in der Folge in diesem hellen Atelier mehrere male eine unvergessliche Zeit.

Ohne die Zeit in Peyriac hätte ich die sieben Turmskulpturen aus Karton, Gaze und Zement kaum gemacht. Diese Kartonobjekte und die grossformatigen Peyriac-Bilder stellte ich zusammen mit der «Lavendelserie» bei Esther Hufschmid aus. Dazu kamen noch einige Objekte aus Papier und Schamotterde.

2002 Arbeit an der Holzschnittserie «Die Gärten»: zwanzig, z.T. vierfarbige Holzschnitte in der Grösse von 100 x 80 Zentimeter.

In letzter Zeit beschäftige ich mich mit verschiedenen Techniken, von Kleinplastiken über Radierungen und Holzschnitten, bis hin zu Monotypien und Papierschnittdrucken.

Im Sommer 2006 drehte Stefan Stucki einen siebenminütigen Film über die «Zürcher Schädelstätte» mit einem Gespräch zwischen Alex Kleinberger und mir und 2007/08 einen Kurzfilm mit dem Titel «Das Atelier von Peter Stiefel».

Arbeiten von 1979 bis 2008

Ein Katalog mit Arbeiten (Zeichnungen und Objekten) von 1973 bis 1977 wurde im Eigenverlag 1978 herausgegeben (vergriffen).

1979, Das Floss, Mischtechnik, 65 x 95 cm

1979, Insel, Mischtechnik, 76 x 108 cm

1979, Insel, Mischtechnik, 76 x 108 cm

1979, Insel, Mischtechnik, 76 x 108 cm

1979, Findling, Zeichnung, 108 x 76 cm

1979, Abflug, Zeichnung, 108 x 76 cm

1979, Felswand, Zeichnung, 108 x 76 cm

1979, Das Zepter, Zeichnung, 108 x 76 cm

1979, Die Landung, Zeichnung, 108 x 76 cm

1979, Der Fels, Zeichnung, 108 x 76 cm

Max Ramp: Opera

Urheberrechtlich gesehen wäre es skandalös, wenn ich behaupten würde, die Arbeiten meines Freundes Peter Stiefel seien Bühnenbildentwürfe zu einer von mir ausgedachten Oper. Zutreffend ist, dass es nachfolgend skizzierte Idee für eine Oper vermutlich gar nie gegeben hätte ohne Kenntnis seines Werks und dessen Sinn.

Juli 1980
Max Ramp

Es ist die Stunde vor dem Sonnenaufgang – in einer Zukunft. Echos liegen in der Luft, wie wenn diese aufgehalten worden wären, aber es gibt weit und breit keinen Urheber, der die Originale zu diesen fragmentarischen Mitteilungen geliefert hätte. Es ist auch niemand da, der diese verirrten Informationen konsumiert hätte.

Im Zentrum ein Krater mit einer immensen Wasserpfütze, darum herum, kaum erkennbar, Überreste einer vergangenen Kultur, die Findlingen gleich in der Schlacke versunken sind: zerbrochene Reklameschilder, die einst für Genussmittel geworben hatten, Autobestandteile, ein ausgebrannter Flugzeugrumpf, halbe Tankstellen, Fernsehapparate, Stereoanlagen, Kühlschränke und allerhand Trümmer, die zu Behausungen gehört haben müssen. Die versengten Baumstummel und abgeknickter oder ausgefranster Bambus sind nur noch Zeugen einer Vegetation.

Im Hintergrund eine gespenstische Industrielandschaft. Nichts weist darauf hin, dass die Fabrikeinrichtungen in Betrieb sein könnten, und doch sehen sie sinnvollen Kultstätten ähnlich.

Den Horizont beschliesst eine Hügelkette. Wie ein schlafender Drache liegt diese im Sonnenaufgang. Ihre langen Schatten greifen weit in die Ebene hinein.

Die Umrisse des untiefen Kratergewässers, das keinen sichtbaren Zu- oder Abfluss hat, verändert sich schlängelnd. Aus dem Mittelpunkt erhebt sich ein flacher Buckel – es könnte die Schale einer überlebensgrossen Schildkröte sein.

Wenn es hier Leben geben sollte, muss das erstaunen, denn alles deutet darauf hin, dass sich vor einiger Zeit etwas ereignet haben muss, was sich gegen jegliches Leben gerichtet hat.

Die ersten Sonnenstrahlen erreichen jetzt den Krater und gestatten genaueres Beobachten: Der Buckel in der Wasserpfütze gehört einem Menschen-Klumpen an, der unbeweglich auf dem Bauche liegt. Plötzlich rührt er sich – doch ein Überlebender? – und lacht, ein irres Lachen und irgendwie unecht, so zwischen *K'uang hsiao*[1] und *Chia hsiao*. Er versucht sich aufzurichten, vermutlich damit er sein Spiegelbild im Wasser besser sehen kann, lacht wieder, *Feng hsiao*, diesmal ein eher manisches Lachen. Tatsächlich tupft er mit einem Finger auf die Wasseroberfläche, produziert Ringe, die sein Konterfei verzerren, und wieder lacht er, *Chi hsiao*; lacht er sich selber aus?

Der massige Mensch in der Pfütze macht Anstrengungen, aus dem untiefen Wasser herauszukommen. Seine Bemühungen haben das Gepräge von waghalsigen Experimenten. Seine Freude über Erfolge, wenn auch noch so klein, manifestiert er durch sein ehrliches, aber ein wenig überraschtes Lachen, oder *Cheng hsiao* und eben *Ch'ing hsiao*.

Hat der Pfützen-Mensch Rückfälle hinzunehmen, lacht er trotzdem, wenn auch ein bisschen verärgert, *Ch'en hsiao*.

Zunehmend gewinnt er Herrschaft über seinen kraftlosen Leib. Als vorteilhaft erweist sich die Hocke-Technik mit gegrätschten Beinen. Keuchend, aber immer wieder lachend, gelingt es dem «Auferstandenen», sich aufs Trockene zu retten, und schon hört es sich fast hochmütig an, sein Lachen, *Chiao hsiao*.

Inzwischen haben die Echos an Häufigkeit abgenommen, ganz abgesehen davon, dass das mitunter laute Lachen, *Ta hsiao*, diese zu übertönen vermag.

Was jetzt vor allem erstaunen mag, ist, dass die Bewegungen des Pfützen-Menschen – kaum vermag er sich aufrecht zu halten – Tanzcharakter annehmen, und sein immer wiederkehrendes Lachen, jetzt mit prätentiösem Unterton, *Yang hsiao*, Gesangscharakter erhält.

Diese Entwicklung fällt zeitlich zusammen mit der Stunde, zu welcher die Sonne den Krater in grelles Licht taucht, den der lachende Sänger zuerst noch zaghaft, dann aber immer tänzerischer zu umschreiben beginnt. Dabei streift er die nassen Tücher ab, die ein einfaches Untergewand mit klassischer Ornamentik freilegen, Mäander, in ausgewogenen Farben gewirkt.

Der Pfützen-Mensch hebt einen Stock auf und schlägt damit auf eine Autotüre. Es entsteht ein Klang wie von einem Theater-Gong, *Lo*. Sein Lachen ist energisch jetzt und kraftvoll, *Ch'iang hsiao*. Dann hämmert er auf alle möglichen Trümmer ein: es entsteht ein richtiges Gong-Spiel, an das zehnteilige *Yün-lo* erinnernd. Sonderbar ist, dass die einmal erzeugten Klänge in der Gegend stehen bleiben, als gäbe es eine akustische Zeitlupe. Aus einem Fernseher lockt er Töne heraus wie aus einer *Mü-yü*, einer kleinen Schlitztrommel.

Die unwahrscheinliche Gestalt aus dem Krater gleicht einem tanzenden Dirigenten. Mit zwei Stöcken schlägt er nun auf alles ein, was in seiner nähe scheinbar zufällig herumliegt; bald ist seine helle Musik Stein-, bald schallendes Glockenspiel: *Biän-tjing* und *Biän-dschung*.

Mehr und mehr Instrumente kommen hinzu, das Schrap-Instrument, *Yü*, auch «ruhender Tiger» genannt, Klapperhölzer, *Tai-ban*, die einfellige Flachtrommel, *Pang-gu*, die «Glückswolke» *Hsiang-ban* usf. Diese rhythmisch-dynamischen Klänge, ihrem Wesen nach unvereinbar mit einer Schrotthalde, wirken wie Zauberkunst.

Der übermütig lachende, tanzend musizierende Meister hebt ein Auspuffrohr vom Boden auf, trompetet hinein, *La-ba*. Oder klingt es eher wie *Hau-tung*? Dann drückt er ein langes dünnes Rohr in dessen Mitte quer an den Mund, was näselnd tönt und weder dem Sprechen noch Singen gleicht. Damit nicht genug, in seinen Händen wird aus einem herabhängenden Draht ein Zupfinstrument – *San-hsiän*, aus Kabeln eine Röhrengeige, *Su-hu*, und zuletzt das edelste aller Saiteninstrumente, die Zither, *Tjin* (wer das Zitterspiel beherrsche, wird gesagt, dem gelinge Zwiesprache mit seiner eigenen Seele).

Die Echos sind total verschwunden; es hat sich dank der klangschönen und alles durchdringenden Musik, die aber nie laut wirkt, eine meditative Realität ausgebreitet (wenn das den Begriff der Realität nicht sprengt), und wer sich nicht bloss der heiter-feierlichen Musik hingegeben hat, dem kann es nicht entgangen sein, dass der eher chaotische Trümmerhaufen eine Ordnung bildet: ein in Sektoren eingeteilter Kreis mit Segmenten, in denen Hexagramme zu erkennen sind, die die Elemente bedeuten mögen.

Die unwirkliche Gestalt, deren künstlerisches Werk sich jetzt zunehmend verselbständigt, begibt sich an den Ort seines Ursprungs, legt sich hin, rücklings – erschöpft? – genau zu dem Zeitpunkt, als die Musik sich ihrer höchsten Formvollendung nähert.

Will er sich vom Krater, dem er entstiegen ist, verschlingen lassen? Seine Stellung verkörpert Wehrlosigkeit, Ohnmacht. Aber sein aufgerichteter Kopf drückt Hoffnung aus, Wissen nämlich um ein Übergeordnetes, ein kosmisches Prinzip.

Die Musik strömt weiterhin ihren magischen Zauber aus; der Pfützen-Mensch hat in seiner Reglosigkeit etwas monumenthaft Unheimliches, selbst das Kraterwasser scheint erstarrt zu sein.

Und doch liegt über allem seine elegante Lach-Arie, *Ch'ein hsiao*. Oder hat sie einen bitteren Unterton, *K'u hsiao*?

Aus: Peter Stiefel «Die neueren Werke». Verlag «Um die Ecke». Silvio R. Baviera, Zürich 1980. Mit freundlicher Genehmigung des Verlags übernehme ich diesen mir so lieb gewordenen Text in Erinnerung an meinen im Jahr 2006 verstorbenen Freund Max Ramp.

[1] Hsiao bedeutet Lachen; das traditionelle chinesische Theater kennt nahezu 30 verschiedene Formen des Lachens.

1981, Fantastische Landschaft, Mischtechnik, 76 x 108 cm

1981, Strassentheater, Mischtechnik, 76 x 108 cm

1981, Fantastische Landschaft, Mischtechnik, 76 x 108 cm

1981, Fantastische Landschaft, Mischtechnik, 76 x 108 cm

1981, Strassentheater, Mischtechnik, 76 x 108 cm

1981, Fantastische Landschaft, Mischtechnik, 76 x 108 cm

1981, Schlafloser, Bronze, H 17 x B 18 x L 20 cm

1981, Der Blinde, Aluminium, H 28 x B 35 x L 68 cm

1981, Liegender, Holz, H 80 x B 36 x L 64 cm

1981, Löffelfrau, Bronze/Holz, H 27 x B 6 x L 13 cm

Auf der Suche nach der langsamen Zeit

Sie, die von Peter Stiefel geschaffenen Bilder, bewegen sich auf mich zu, ihrer sanften Aufforderung, zu ihnen in ihre Welt hineinzusteigen, folge ich und betrete ihren Raum, der auch tief in mir selbst liegt, den *RaumRaum* betrete ich.

Die dunkle Seite der Welt

Die Nacht bietet Schutz: meine eiligen Schritte des Taggeschäftes hören auf. «Nacht am Fluss» hat Peter mein Lieblingsbild benannt. Es gibt mir die Erlaubnis, zwischen den starken Gräsern seines Bildnisses Platz zu nehmen, mich meinen Gefühlen der Angst zu nähren, wohlig und ganz allmählich. Der Sprache des Flusses darf ich zuhören und ein Dialog mit dieser Nacht beginnt. Einzigartig nenne ich diese Nacht. Ihr, die ich liebhabe, folgen andere Nächte, angekündigt von Peters Bild «Abend», das mich in Aufregung versetzt: Der «Abend» schickt seine schwarzen Tropfen auf die Erde, anfassen kann ich so diese dunkle, vergängliche Abendzeit. Verläßliche Nacht, sie kann kommen.

Abschied und Umarmung

Von wem hat der Mensch, der die «Treibende Insel» bewohnt, Abschied genommen? Der Maler, seinen Namen nannte ich unlängst, hat vielleicht in diesem Bild seine Abschiede festgehalten, meine eigenen Abschiede sehe ich genau an in Peters Bild. Den Schmerz, den ich erfahren habe in der Trennung von mir lieb gewordenen Menschen, mildert Peters Bild. Die Insel, die treibt, ist dennoch greifbar, sie treibt nicht davon, erreichen werde ich sie und auf ihr dort wahrscheinlich einen von mir herbeigesehnten Menschen wieder in meine Arme schließen können. Die Zeit kommt gewiss. «La Scala», meine Sehnsucht, den dünnen, weit fortgegangenen Menschen am Fuße der Treppe wiederzusehen, finde ich hier ihn Peters Bild wieder. Abschied berührt Grenzen in mir, das Wiedersehen nach Jahren oder wenigen Tagen berührt Grenzen noch weit mehr. Peters Respekt vor Trennungen und vor der Heftigkeit des Wiedersehens ertaste ich. Die Betrachterin kann sich wiedererkennen, wenn sie die Möglichkeit erkennt.

Versöhnliche Begegnung

Mit ihnen gehe ich, mit den Menschen, die Peter mit Silberstift geschaffen hat, unter ihnen weilt der Maler selbst, nachdenklich, ausgestattet mit einem alten Hut. Sehnsucht veranlasst die Silberstiftmenschen, sich auf die Suche zu begeben, eine Stadt mögen sie suchen, die sich bereit zeigt, sie aufzunehmen. Sie, auffallend in ihrem zurückhaltenden Glanz, gehen hintereinander, zueigen mag ihnen eine Angst sein vor Berührung. Die Suche verbraucht ihre Zeit, die sich neigt, unaufhaltsam. Versöhnen mit ihrer Zeit, mit ihren Erfahrungen, werden sich diese Leute, ein Versäumnis findet nicht statt. Des Malers Verletzlichkeit spüre ich, die seine Stärke ist, meine eigene Verletzlichkeit zeigt mir diese tapferen Silberzeitgeschöpfe.

Mit Regula und Peter zu sitzen an ihrem gemütlichen Tisch in ihrem Atelier bei einem hervorragenden Schweizer Weisswein, ist so menschlich.

Dagmar Weck, Schriftstellerin, Bochum November 2006

1981, Cornet von Rilke «Das Banner», Mischtechnik, 70 x 50 cm

1981, Cornet von Rilke «Erschlagener Bauer», Mischtechnik, 70 x 50 cm

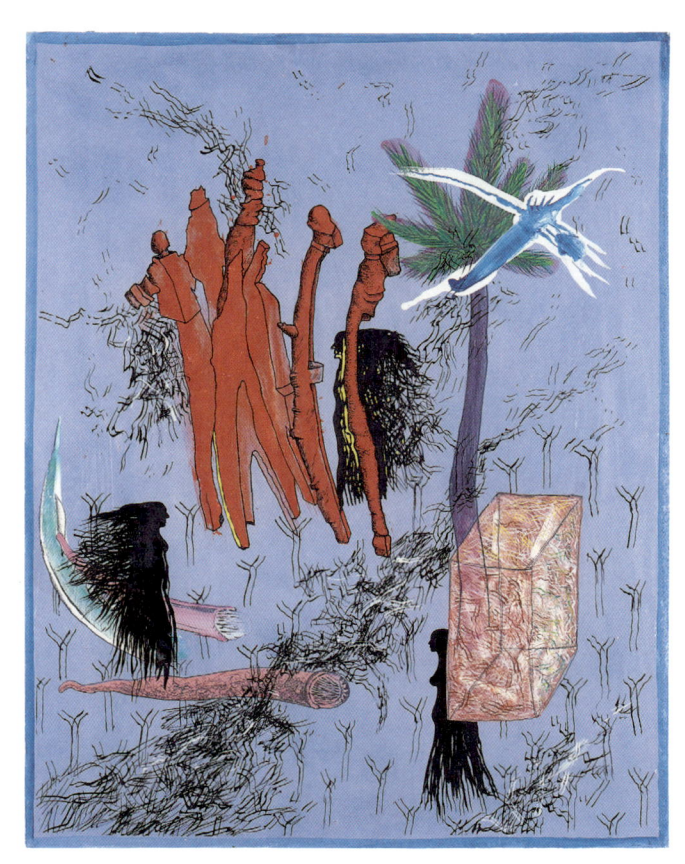

1981, Cornet von Rilke «Das Fest», Mischtechnik, 70 x 50 cm

1981, Cornet von Rilke «Liebespaar», Mischtechnik, 70 x 50 cm

1981, Cornet von Rilke «Spork der General», Mischtechnik, 70 x 50 cm

1982, Die Reise, Mischtechnik, 37 x 50 cm

1982, Gran Canaria/Wind, Mischtechnik, 37 x 50 cm

1982, Der Kampf, Mischtechnik, 37 x 50 cm

1982, Gran Canaria/Fischer, Mischtechnik, 37 x 50 cm

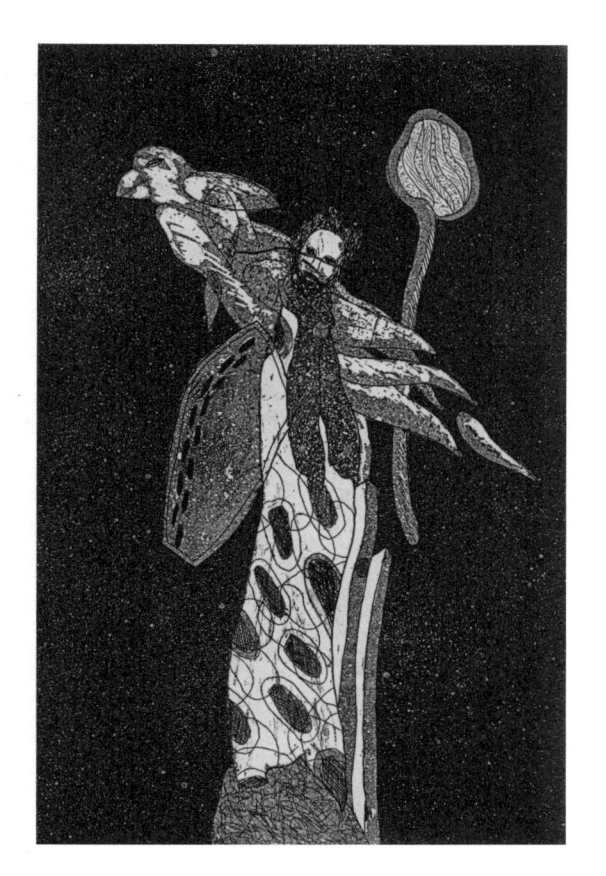

1984, Zeremonienmeister, Aquatinta Radierungen, je 25 x 16 cm

1985, aus der Serie «Bergwerk», Radierungen, je 24 x 32 cm

1985, aus der Serie «Bergwerk», Radierungen, je 24 x 32 cm

1988, Musik, Radierung, 24 x 32 cm

Ein ganzes Jahr lang Köpfe. Martin Kraft

Du möchtest hinausgehen in die Natur und dich an nichts als in Landschaften und nochmals Landschaften versenken. Und dann holen dich immer wieder die Menschen ein, bedrängen und bestürmen dich mit ihren Problemen und ihrer blossen Gegenwart, lenken Dich ab von dem, was du eigentlich suchst – und doch merkst du plötzlich, dass das, was du suchst, ja in ihnen selbst und ihrer ganzen Problemgeladenheit sein muss, in all diesen glücklichen und traurigen, klugen und dummen, sympathischen und auch weniger sypathischen Gesichtern. Denn die dir täglich begegnen, sie sind ja alle insgeheim unterwegs wie du, auf der bewussten oder unbewussten Suche nach so etwas wie einem besseren, einem wirklicheren Mensch-Sein.

Aber wohin führt dich denn dieses Unterwegssein: in längst vergangene Welten, in denen die alten Zeichen und Symbole noch ihre ursprüngliche Kraft besassen, oder in exotisch-ferne, in denen sie sie noch nicht ganz verloren haben? Es zieht dich dorthin, wo jene Versenkung und Vergeistigung, die in unserer materialistischen und hektischen Gegenwart längst keinen Platz mehr haben, noch als alltägliche Möglichkeiten erscheinen.

Du entdeckst die uralten chinesischen Weisheiten, in deren zeitloser Aktualität sich doch schon (fast) alle Antworten auf die uns heute bedrängenden Fragen finden lassen – und unter ihnen insbesondere jene Beschreibung eines Gemäldes der fünfhundert Lohan: Wie hier jede Person in bedeutsamer Position und Geste festgehalten ist, wie jede in sich selbst ruht und sich doch insgeheim auf alle anderen und auf ihre Umwelt bezieht, wie sie alle sich in ihrem selbstverständlichen Beisammensein verbinden zu Abbild einer ganzen Welt – liegt nicht darin die ganze Weisheit des Menschenlebens?

Dieses Bild müsstest du malen – doch die Weisheit liegt nicht nur in ihm selber, sondern auch in den Bedingungen seiner Entstehung begründet: Das ist nicht das spontane Ergebnis einer kühnen Vision, sondern das Ende eines langwierigen Prozesses, wie jede letzte Wahrheit – wenn überhaupt – nur in jahrelangem Suchen und Erfahren erreichbar. Vielleicht wird es dir eines Tages vergönnt sein, es in seiner ganzen Grösse zu vollenden – aber dass dies nicht so leicht sein wird, hast du bereits erfahren müssen. Vorerst ist es dir nur Zielrichtung eine Weges, der dich mitten durch die tausend Kleinlichkeiten und Widerstände unseres täglichen und ganz und gar nicht abgeklärten Lebens führen muss.

Das Bild des Menschen zu erkunden, seine Gestalt zu erproben, formst du nun Menschenbilder Tag für Tag. Den immer anderen Köpfen, die dir begegnen und sich dir mit welcher Eigenheit auch immer einprägen, antworten die immer anderen Materialien, die du entdeckst und erprobst, sie festzuhalten: charakteristisch und zeichenhaft, porträtmässig und symbolisch, spiegelbildlich und expressiv, minutiös und andeutungsweise, magisch und vertraut – und immer wieder Menschenbilder, in deren Gesamtheit allmählich das Bild des Menschen durchscheint, das schon längst geschaffene und doch immer noch nur vorstellbare.

Ein ganzes Jahr lang Köpfe, einen für jeden Tag – mit jener selbstauferlegten Disziplin und Ausdauer, ohne die das grosse Werk nie zustandekommen wird: 365 sind es jetzt an der Zahl, die aber keine mystisch-bedeutsame ist – nur Zeichen der Menschenordnung, die dieses Jahr geschaffen hat, das sich nun beliebig wiederholen liesse, dessen Abschluss kein eigentliches Ziel bedeutet, sondern die objektiv vorbestimmte Zäsur, innezuhalten, Bilanz zu ziehen, zu verschnaufen auch – und doch erst recht von Neuem zu beginnen, das dabei Erfahrene fruchtbar zu machen. Beides war dafür zu erwerben: die beiläufige Selbstverständlichkeit des souverän über alles Stoffliche verfügenden Handwerkers einerseits, und anderseits – und doch im engen Zusammenhang damit – der Blick durch alles nur Stoffliche hindurch auf die unvergänglichen Zeichen und Gesten.

Von der oft allzu oberflächlichen Geschäftigkeit des Zürcherischen Alltags zu den tiefen Lebensweisheiten der alten Chinesen: Damit ist nicht nur das Spannungsfeld abgesteckt, in dem dieses dreidimensionale Skizzen- und Tagebuch entstand – das ist auch die Zielrichtung jenes unerbittlich weiter zu verfolgenden Weges, auf dem es zwischen immer neuem Suchen und Finden eine entscheidende Station markiert.

Martin Kraft
Dezember 1986

Aus: «Die Zürcher Schädelstätte. Ein Jahr lang jeden Tag einen Kopf – ein dreidimensionales Skizzenbuch von Peter Stiefel». Edition «B», Urs Buchmann, Pastificio Veccio, 6654 Cavigliano 1986.

1986, Klagekopf, Schamotte, H ca. 10 cm

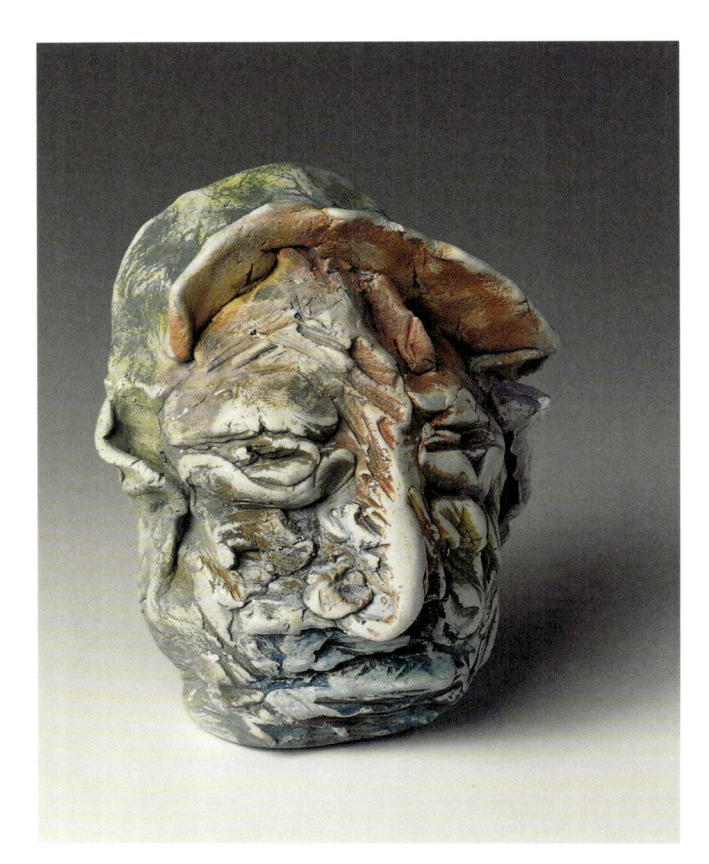

1986, Fiakerkopf, Kunststoff, H ca. 10 cm

1986, Autoverkäufer, Schamotte, H ca. 10 cm

1986, Saufkopf, Schamotte, H ca. 10 cm

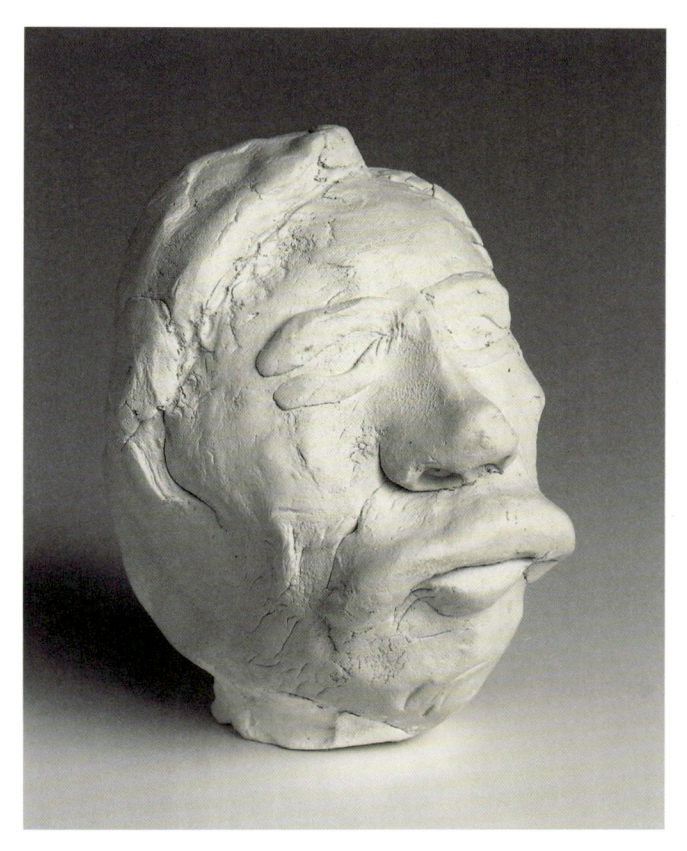

1986, Portier Sacherkopf, Kunststoff, H ca. 10 cm

1986, Der Fürst, Lehm, H ca. 10 cm

1986, Lippenkopf, Schamotte, H ca. 10 cm

1986, Jüngling, Wachs, H ca. 10 cm

1989, Nachtflug, mehrfarbige Radierung, 18 x 31 cm

1989, Waldbrand, mehrfarbige Radierung, 18 x 31 cm

1989, Leventina, Öl auf Leinwand, 60 x 80 cm

1989, Zum Meer hin, Öl auf Leinwand, 100 x 140 cm

1989, Das Tal, Öl auf Leinwand, 80 x 100 cm

1989, Onsernone, Öl auf Leinwand, 90 x 130 cm

1989, Pastificio Vecchio, Linolschnitt, 35 x 50 cm

1989, In Soabbia, Linolschnitt, 35 x 50 cm

1989, Ramp-Stadion, Linolschnitt, 35 x 50 cm

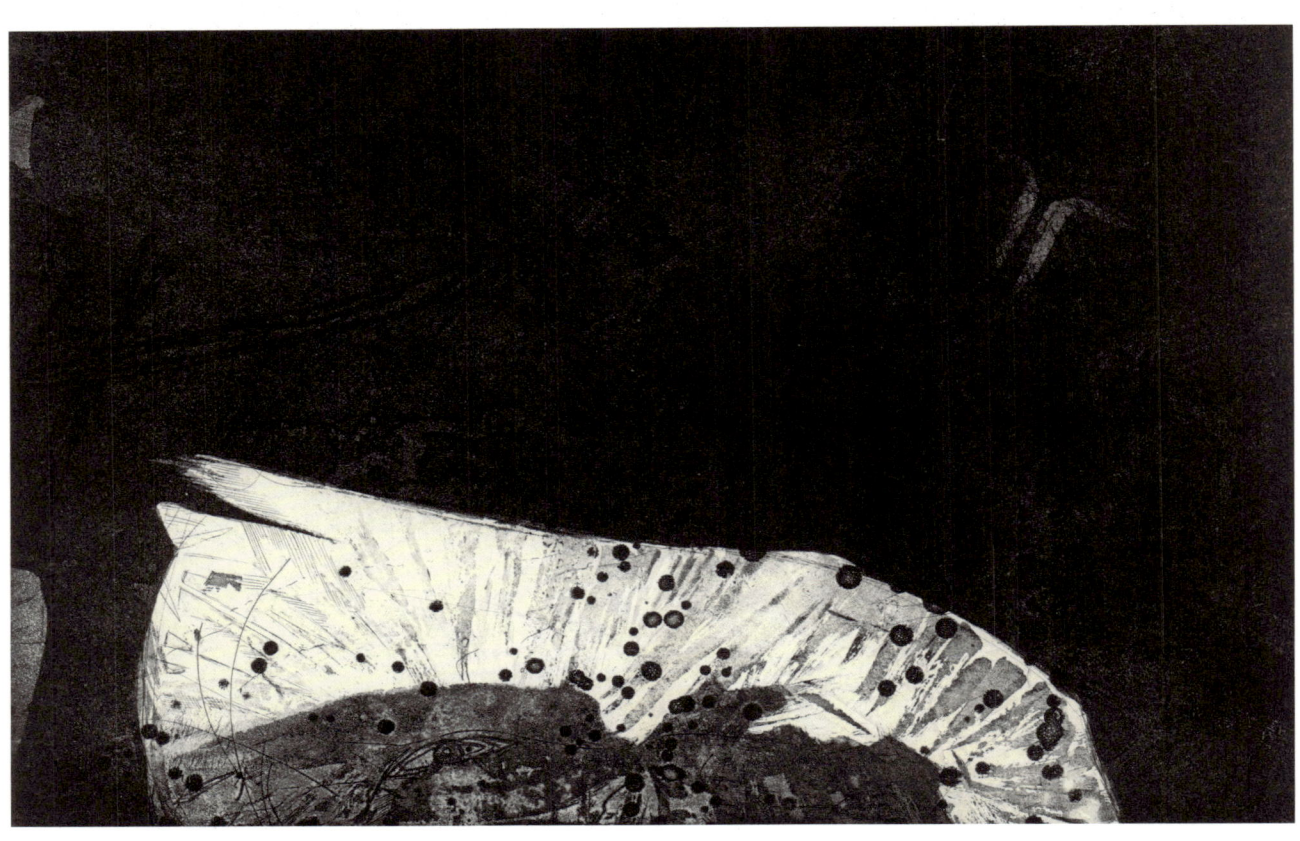

1989, Sommergrab, Radierung, 32 x 49 cm

1989, Sommergrab, Radierung, 32 x 49 cm

1989, Sommergrab, Radierung, 32 x 49 cm

1988, Die Pilgerfahrt, Radierung koloriert, 64 x 150 cm

67

1987, Die Pilgerfahrt, Linolschnitt, 64 x 150 cm

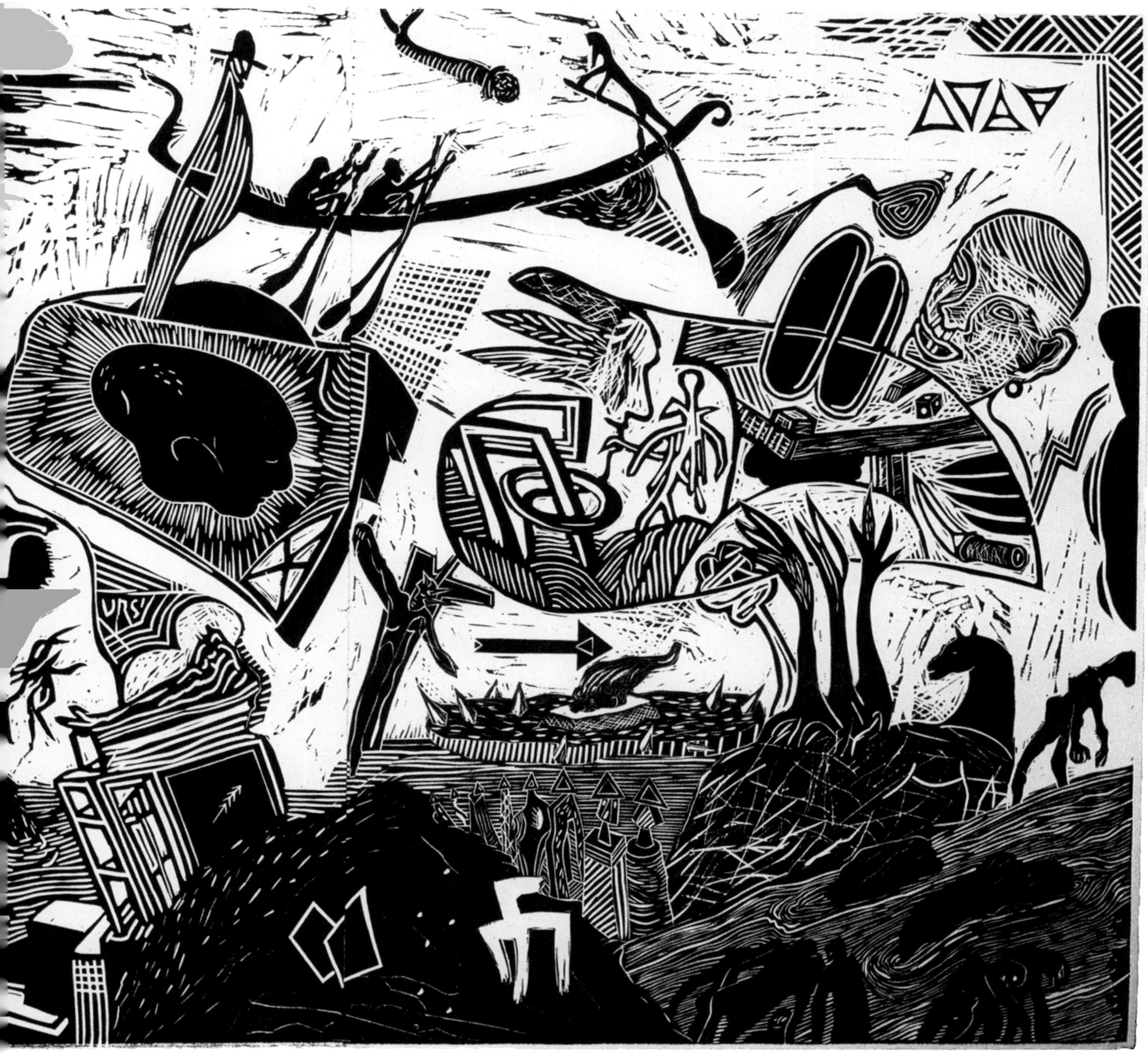

1989, Sommergrab, Radierung, 32 x 49 cm

1989, Sommergrab, Radierung, 32 x 49 cm

1989, Sommergrab, Radierung, 32 x 49 cm

1991, Turm, Radierung, 31 x 19 cm

1991, Turm, Radierung, 31 x 19 cm

1991, Turm, Radierung, 31 x 19 cm

1991, Turm, Radierung, 31 x 19 cm

1992, Frühling, Eggbühler Jahreszeiten, 107 x 76 cm

1992, Sommer, Eggbühler Jahreszeiten, 107 x 76 cm

1992, Herbst, Eggbühler Jahreszeiten, 107 x 76 cm

1992, Winter, Eggbühler Jahreszeiten, 107 x 76 cm

1992, Tessiner Nächte, Frühling, Linolschnitt, 70 x 50 cm

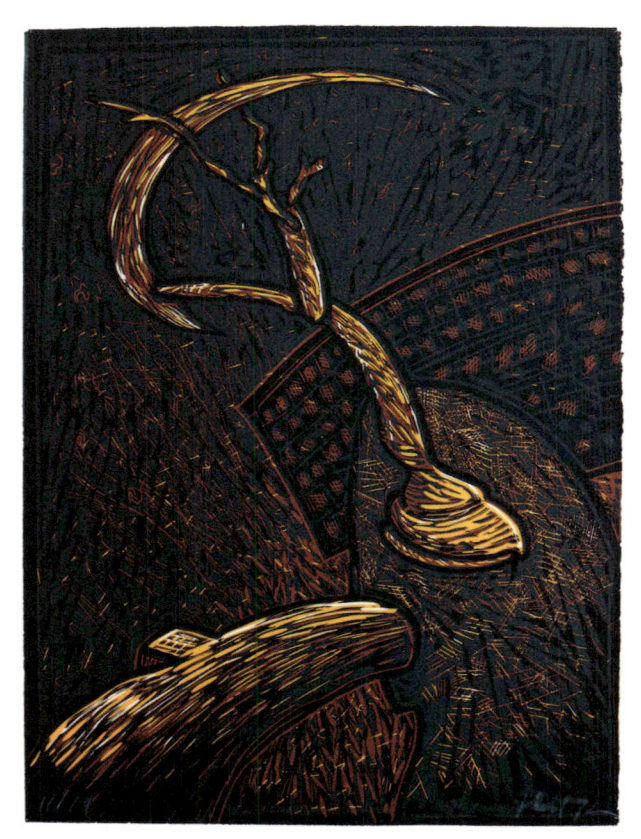

1992, Tessiner Nächte, Sommer, Linolschnitt, 70 x 50 cm

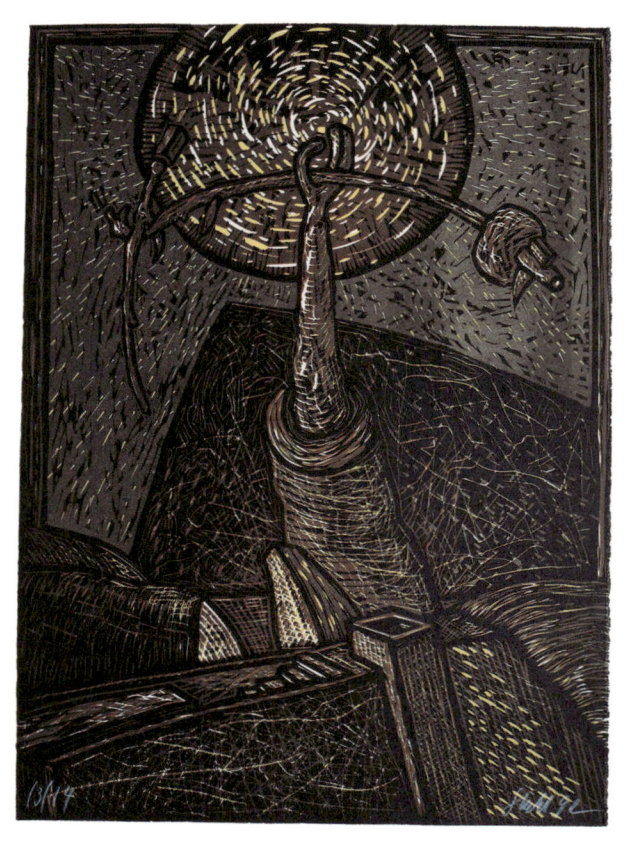

1992, Tessiner Nächte, Herbst, Linolschnitt, 70 x 50 cm

1992, Tessiner Nächte, Winter, Linolschnitt, 70 x 50 cm

1992, Variationen der Eggbühler Jahreszeiten,
Radierung/Holzschnitt, je 107 x 76 cm

Vorstellung Peter Stiefel anlässlich der Vernissage 2005 im Centro diurno, Muralto

Ich will meine kleine Vorstellung mit einer Einleitung beginnen, die mich vor allem für mögliche Böcke entschuldigen soll, von denen ich weiss, dass ich sie aus zu viel Befangenheit oder Ergriffenheit schiessen kann.

Also, ihr sollt keine kunsthistorische oder gelehrte Kritik zum Thema erwarten, hingegen euch gedulden und möglicherweise überraschen lassen von der bescheidenen Ansicht des Künstlers und Kunstdruckers, der ich bin, beeinflusst durch die Freundschaft mit dem Künstler Peter Stiefel. Ich hoffe, dass ich so zu euch vielleicht ungezwungener reden kann.

Ich habe Peter vor ungefähr zwanzig Jahren kennen gelernt, als er an seinen ersten Werken, die in dieser kleinen ausgewählten Ausstellung zu sehen sind, arbeitete. Ich lernte ihn hier kennen, genauer in Cavigliano, und ich betrachtete ihn zunächst als einen zufällig getroffenen Wanderer. In der Folge fiel mir seine besondere Art auf, die er mit den Werken bezeugte, als wären sie ein Tagebuch. Indem ich ihn näher kennenlernte, bemerkte ich dann, dass das Resultat der Werke nicht nur Dokument war, sondern eine Art des gewollten, gelebten Lebens, mit all seinen Einbezügen – eine kontinuierliche innere Suche, ein tiefes Bedürfnis nach Wurzel, nach Rückkehr.

Von da an besuchten wir uns während zwanzig Jahren regelmässig, teilten unsere Ideen und arbeiteten bis heute zusammen.

Und hier, heute, mit diesen Gedanken, knüpfe ich am Titel der Ausstellung «Eine Reise vom Süden nach dem Norden» an. Darüber habe ich nicht einmal mit Peter gesprochen, aber jetzt sage ich es euch, nämlich, dass mir dieser Titel etwas merkwürdig vorkam: er schien mir eine auf den Kopf gestellte Formulierung. Ich weiss nicht, die Touristen beispielsweise denken darüber anders, sie haben Freude, vom Norden in den Süden zu gehen, mit einem verständlichen Wunsch nach Wärme, nach Meer, nach Exotik. Und genau da schien ich zu begreifen, meine Meinung zu ändern. Ich habe überlegt, dass dieser Weg von Stiefel eine langsame umgekehrte Reise sein musste und, wie ich vorher sagte, diejenige der Rückkehr.

Für ihn, scheint mir, ist der Ort, wo er sich aufhält, nicht von grundlegender Bedeutung. Er hat vielmehr das Bedürfnis, die eigentliche Substanz, das Wesentliche zu schaffen, da Erinnerungen unabhängig vom Ort entstehen, wo sie gebildet werden. Ich stelle mir vor, dass Rom, Hamburg, New York, Tremona, Pastificio Vecchio und Campo Nomade Primaverile die Architekturen seines Geistes sind, wo an erster Stelle die vielseitige Fähigkeit steht, diesen Erinnerungsschatz, der gelebtes Leben wird, in Kunst zu übersetzen und diese aus Peter einen Zeitzeugen macht, einen vielseitigen Künstler, Maler, Radierer, Bildhauer.

In dieser Ausstellung wird ein kleiner Teil von Stiefels Werk gezeigt, aber schon hier können wir die Quantität und Qualität der Elemente und Tendenzen beobachten, die in seinen Bildern vereint sind. Alle Erfahrungen sind mit dem Figurativen, dem Symbolischen, dem Primitivismus, dem Konkreten und dem Geometrischen vermittelt und übersetzt. Als eklektischer und fähiger Kolorist ist Stiefel in der Lage, Überlagerungen, die Zwiegespräch miteinander führen, zu kombinieren und den Werken eine ränkevolle Atmosphäre geben, manchmal entschieden sonnig, wie in «Estate», manchmal finster, wie in «Lago Scuro» und schliesslich manchmal eine Atmosphäre der Vorahnung, wie in «Incendio», wo man das Feuer spürt, es aber noch nicht brennen sieht.

Franco Lafranca
Locarno, 10. September 2005

Aus dem Italienischen interpretiert von Regula Schiess Stiefel

VIA CRUCIS
DI
PETER STIEFEL

LA CONDANNA	1.	VERURTEILUNG
L'INIZIO	2.	DER ANFANG
RASSEGNAZIONE	3.	RATLOSIGKEIT
DISPERAZIONE	4.	VERZWEIFLUNG
LA PRESUNZIONE	5.	ÜBERHEBLICHKEIT
LA COMPASSIONE	6.	MITLEID
LO SFINIMENTO	7.	ERSCHÖPFUNG
IL PRESAGIO	8.	VORAUSSAGUNG
LA PROSTRAZIONE	9.	ERMATTUNG
LA PRIVAZIONE	10.	ENTBLÖSSUNG
L'ADEMPIMENTO	11.	VOLLZIEHUNG
LA MORTE	12.	DER TOD
LA RIMOZIONE	13.	NIEDERLEGUNG
LA TOMBA	14.	DAS GRAB
L'ETERNO	15.	UNENDLICH

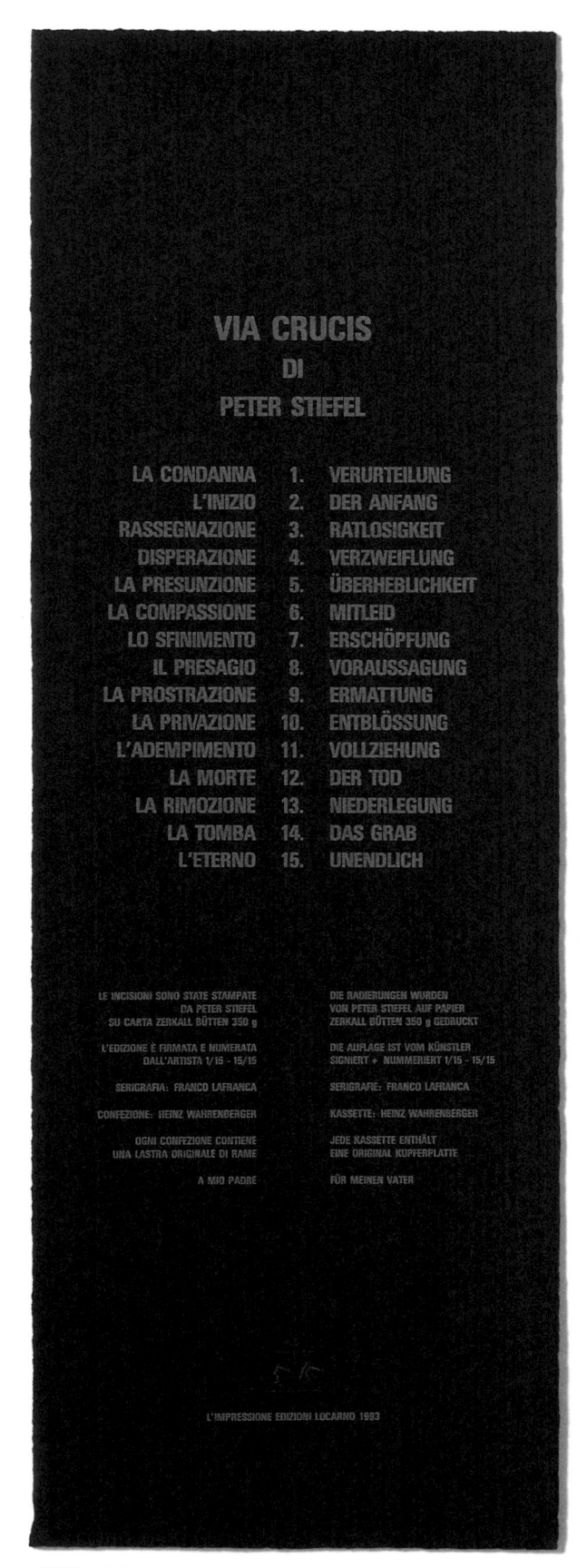

LE INCISIONI SONO STATE STAMPATE DA PETER STIEFEL SU CARTA ZERKALL BÜTTEN 350 g	DIE RADIERUNGEN WURDEN VON PETER STIEFEL AUF PAPIER ZERKALL BÜTTEN 350 g GEDRUCKT
L'EDIZIONE È FIRMATA E NUMERATA DALL'ARTISTA 1/15 - 15/15	DIE AUFLAGE IST VOM KÜNSTLER SIGNIERT + NUMMERIERT 1/15 - 15/15
SERIGRAFIA: FRANCO LAFRANCA	SERIGRAFIE: FRANCO LAFRANCA
CONFEZIONE: HEINZ WAHRENBERGER	KASSETTE: HEINZ WAHRENBERGER
OGNI CONFEZIONE CONTIENE UNA LASTRA ORIGINALE DI RAME	JEDE KASSETTE ENTHÄLT EINE ORIGINAL KUPFERPLATTE
A MIO PADRE	FÜR MEINEN VATER

L'IMPRESSIONE EDIZIONI LOCARNO 1993

1993, Via Crucis, Legenden zur Mappe
15 Radierungen/Serigrafien

1993, Via Crucis, 60 x 20 cm

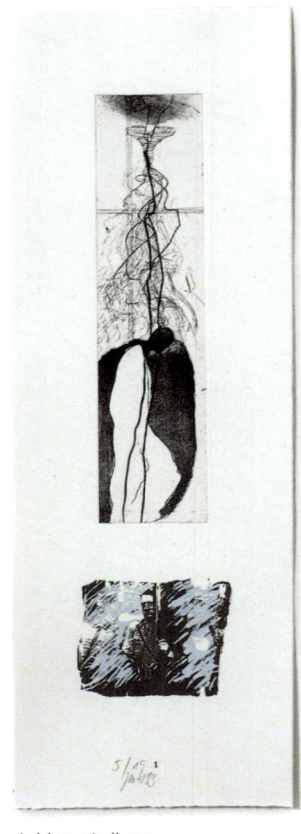

1. Verurteilung

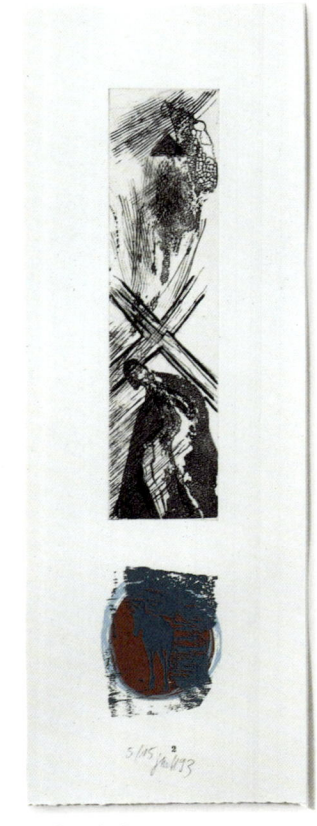

2. Der Anfang

3. Ratlosigkeit

4. Verzweiflung

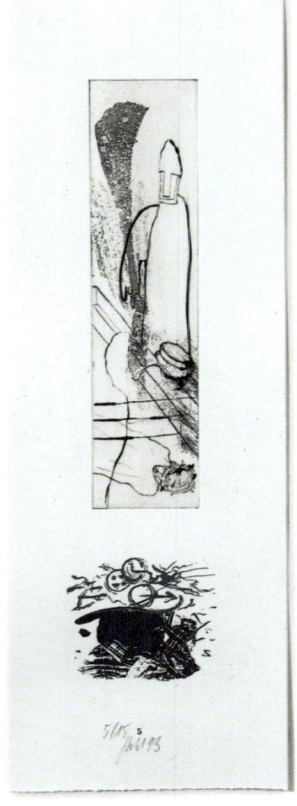

5. Überheblichkeit

6. Mitleid

7. Erschöpfung

8. Voraussagung 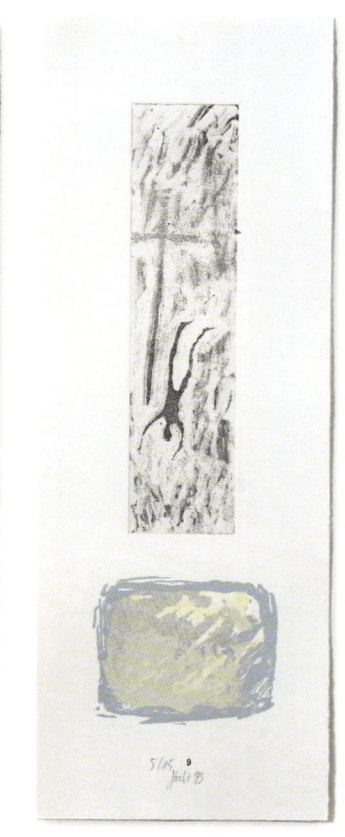 9. Ermattung 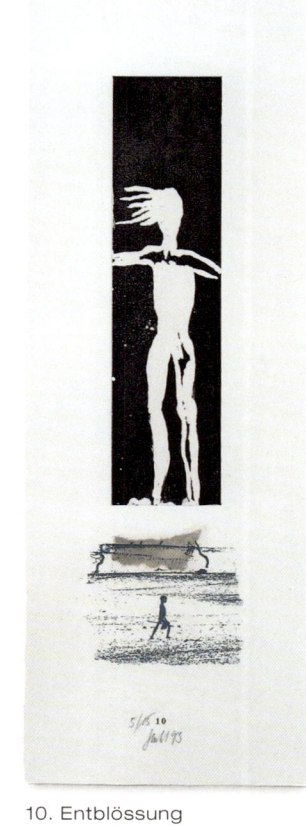 10. Entblössung 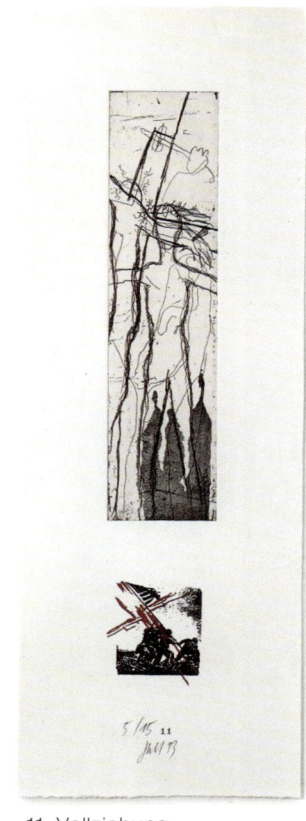 11. Vollziehung

12. Der Tod 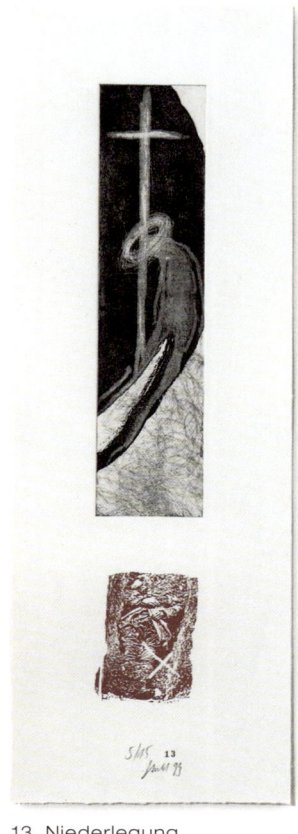 13. Niederlegung 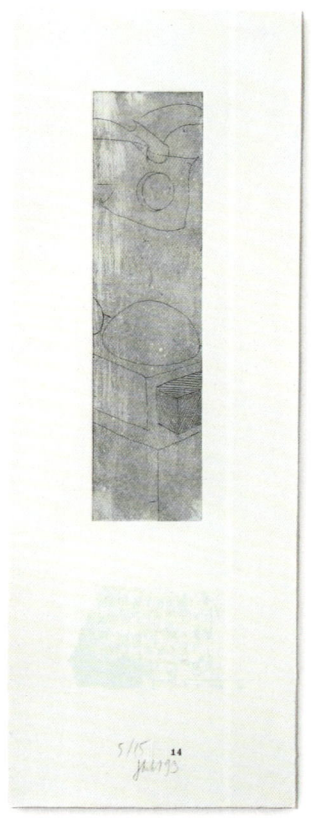 14. Das Grab  15. Unendlich

1994, Insel, Radierung, 29 x 46 cm

1994, Fischer, Radierung, 31 x 18 cm

1994, Moorlandschaft, Radierung, 31 x 18 cm

1994, Vogel, Radierung, 31 x 18 cm

1994, Traum, Radierung, 31 x 18 cm

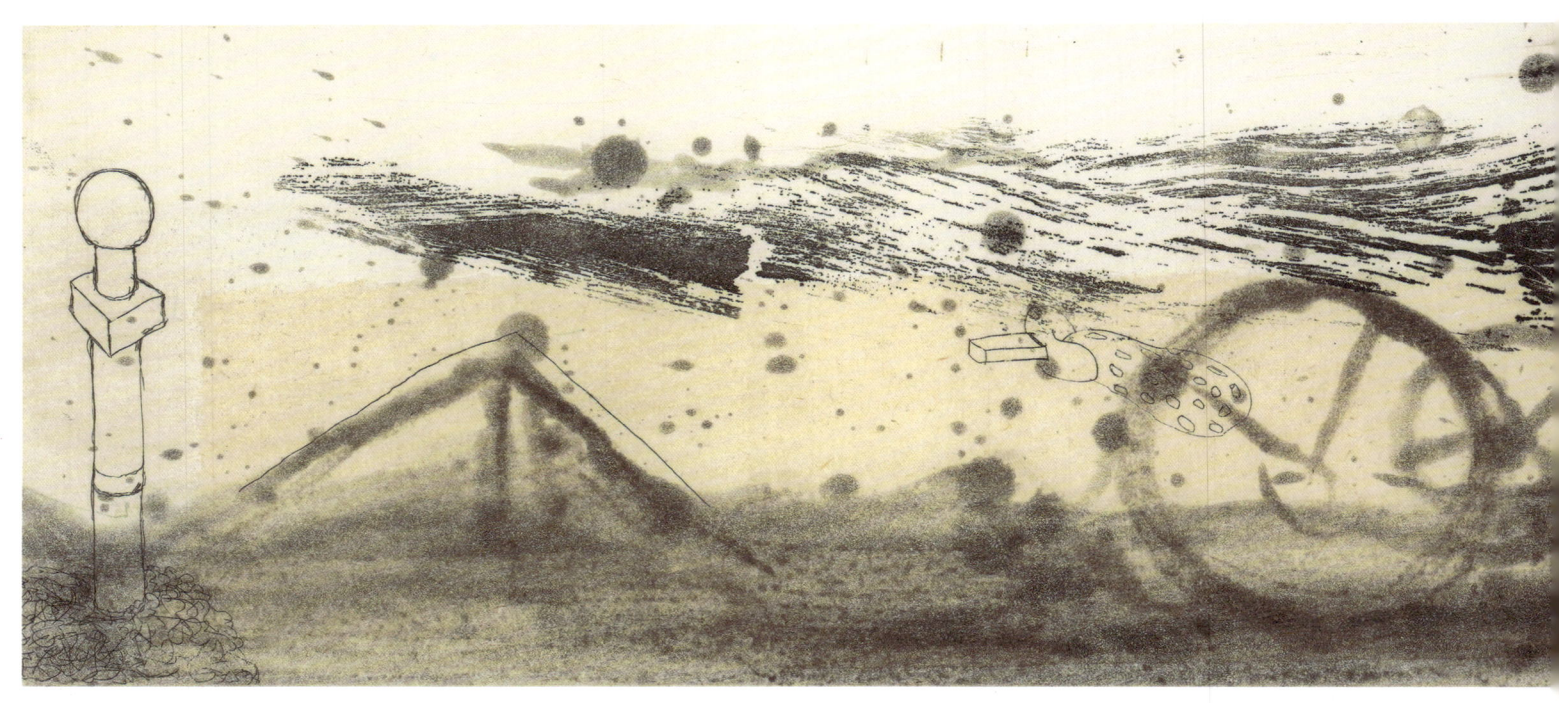

1994, Der Wagen, Radierung, Pinselätzung, 13 x 58 cm

1996, Der Einsiedler, Radierung, 13 x 58 cm

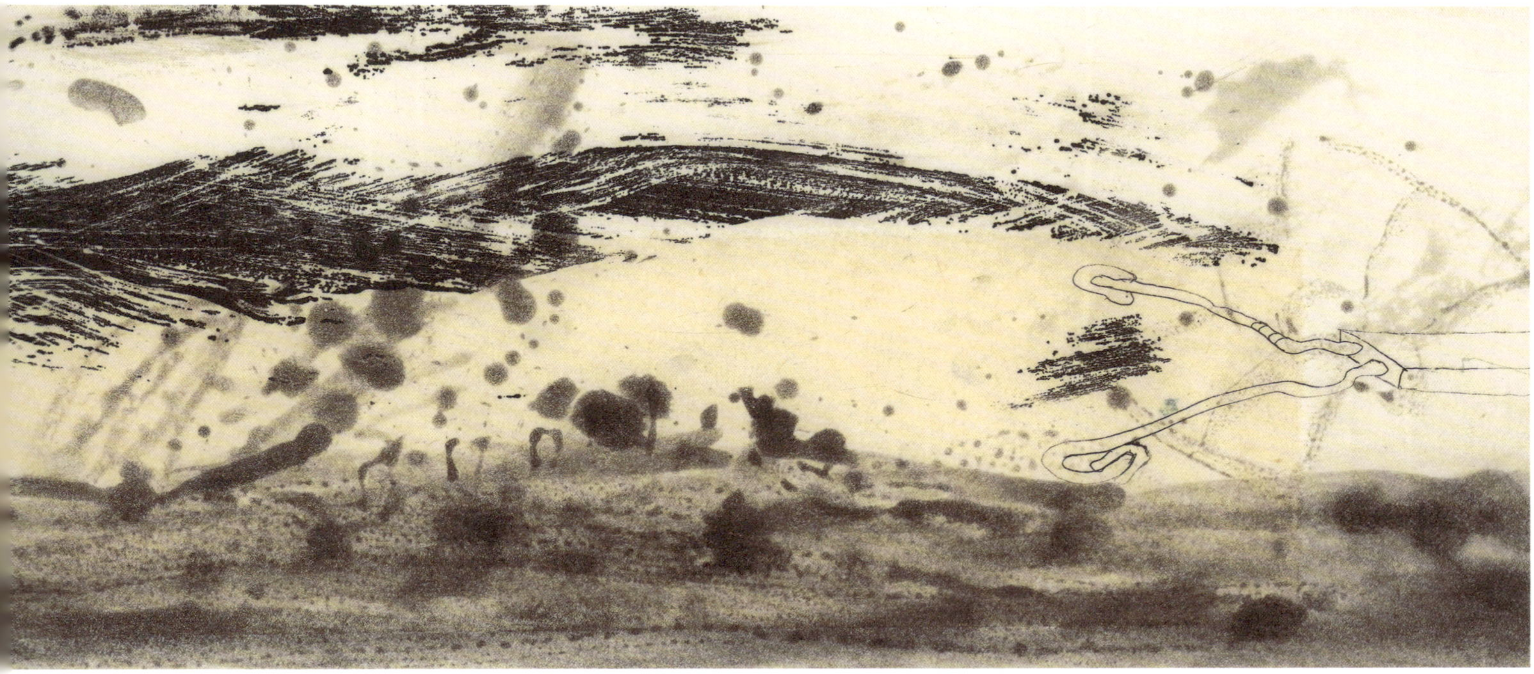

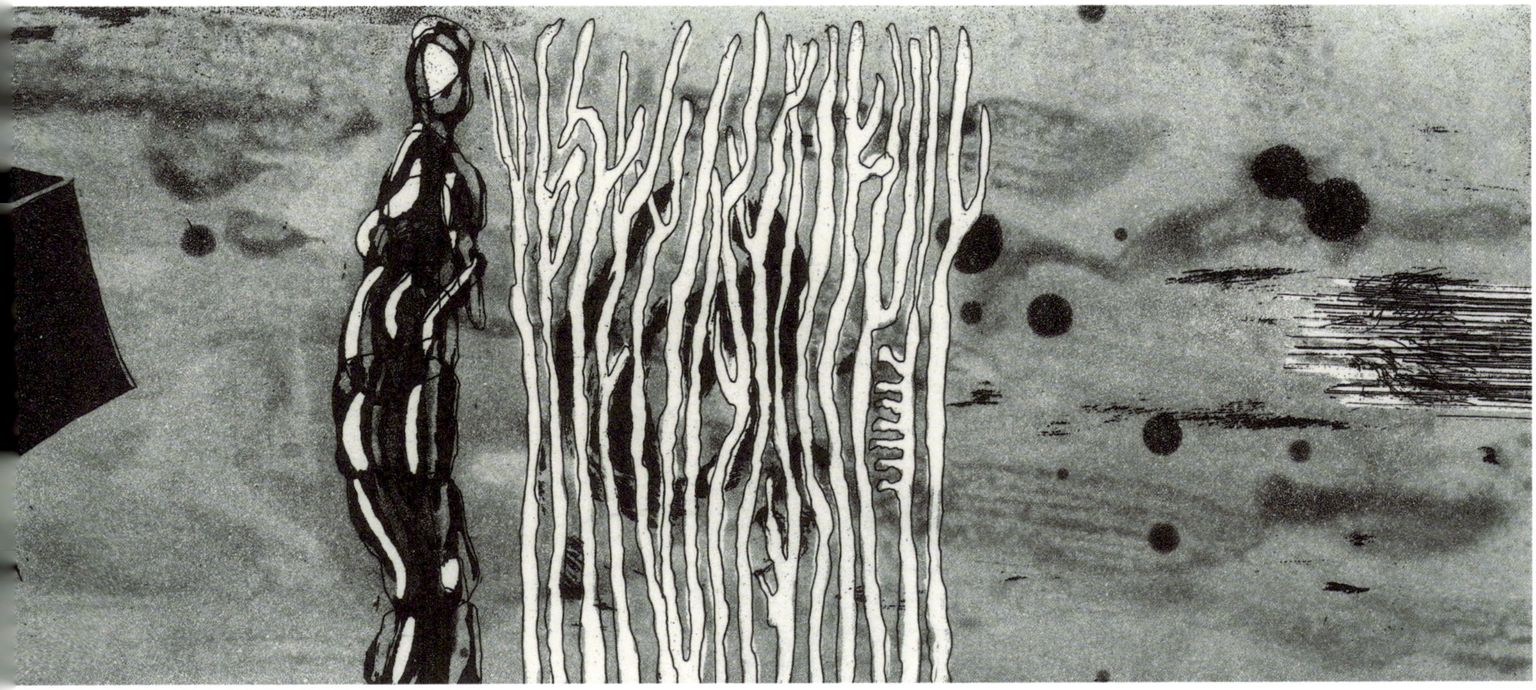

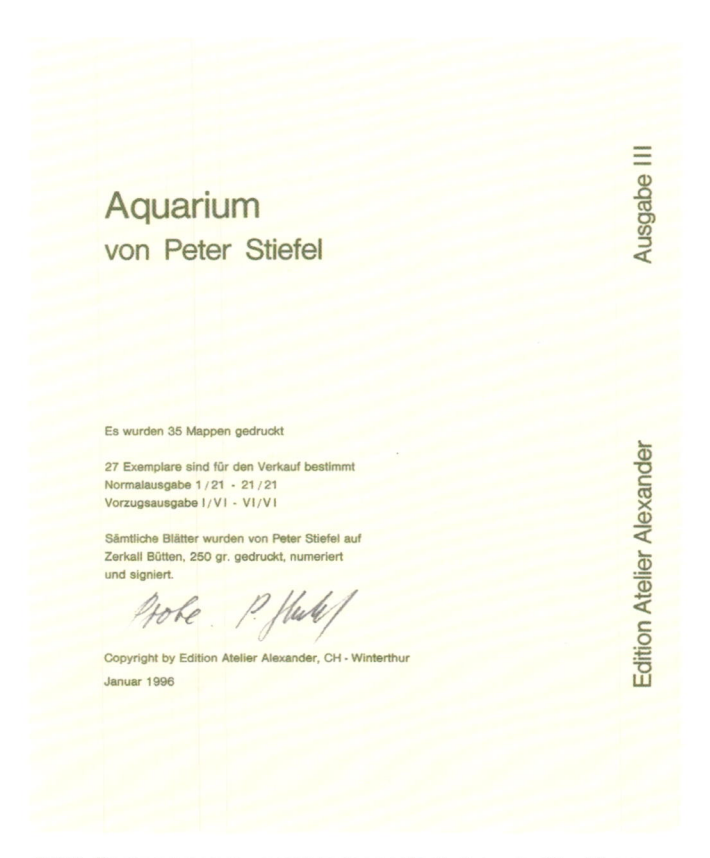

Aquarium
von Peter Stiefel

Es wurden 35 Mappen gedruckt

27 Exemplare sind für den Verkauf bestimmt
Normalausgabe 1 / 21 - 21 / 21
Vorzugsausgabe I / VI - VI / VI

Sämtliche Blätter wurden von Peter Stiefel auf
Zerkall Bütten, 250 gr. gedruckt, numeriert
und signiert.

Copyright by Edition Atelier Alexander, CH - Winterthur

Januar 1996

Ausgabe III

Edition Atelier Alexander

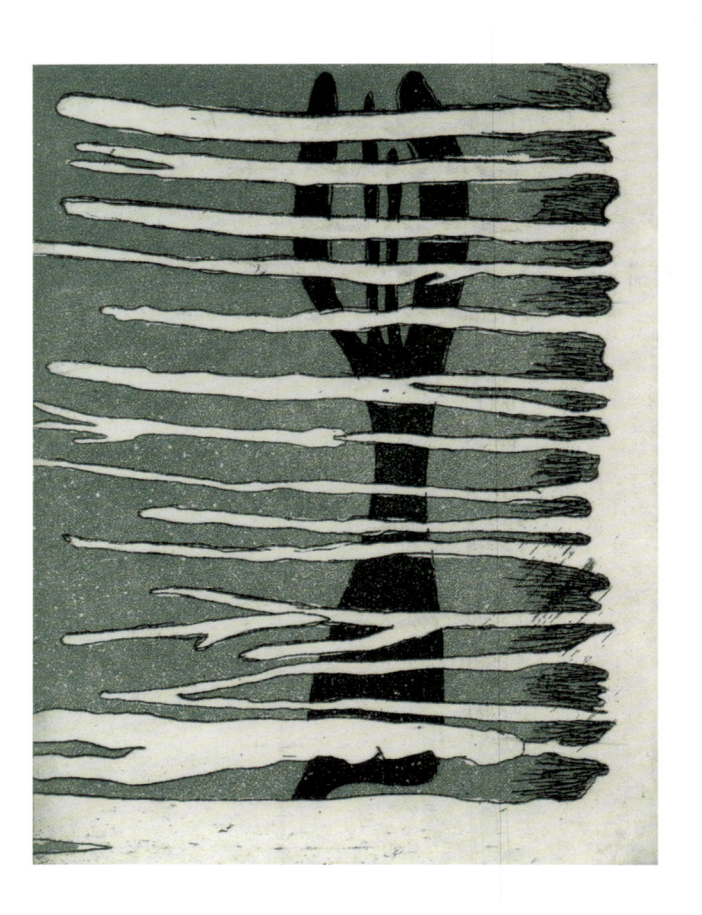

1996, Radierungen in verschiedenen Techniken, je 19 x 14 cm

91

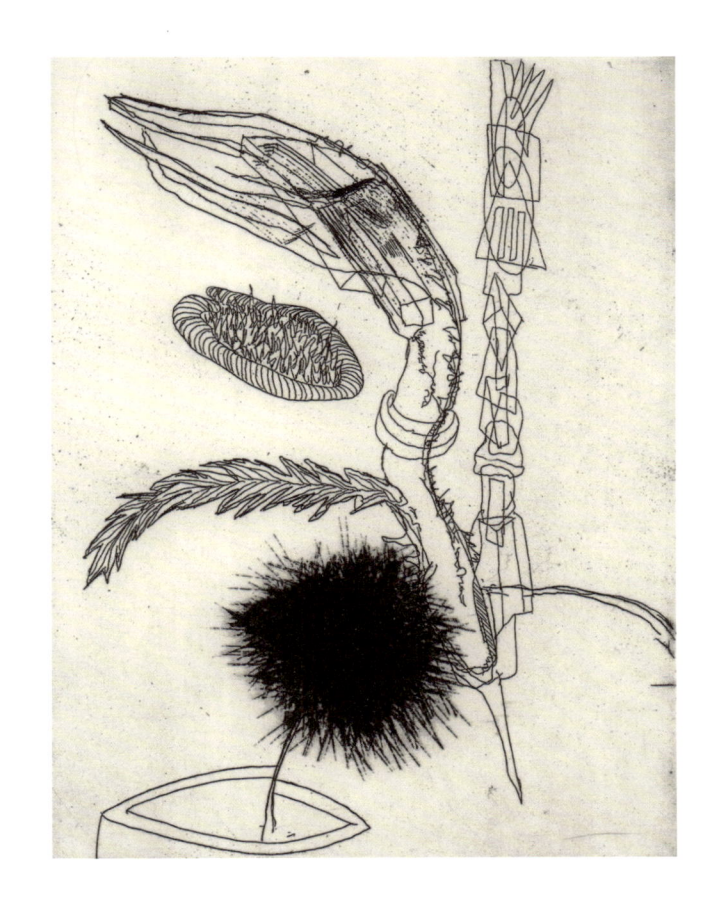

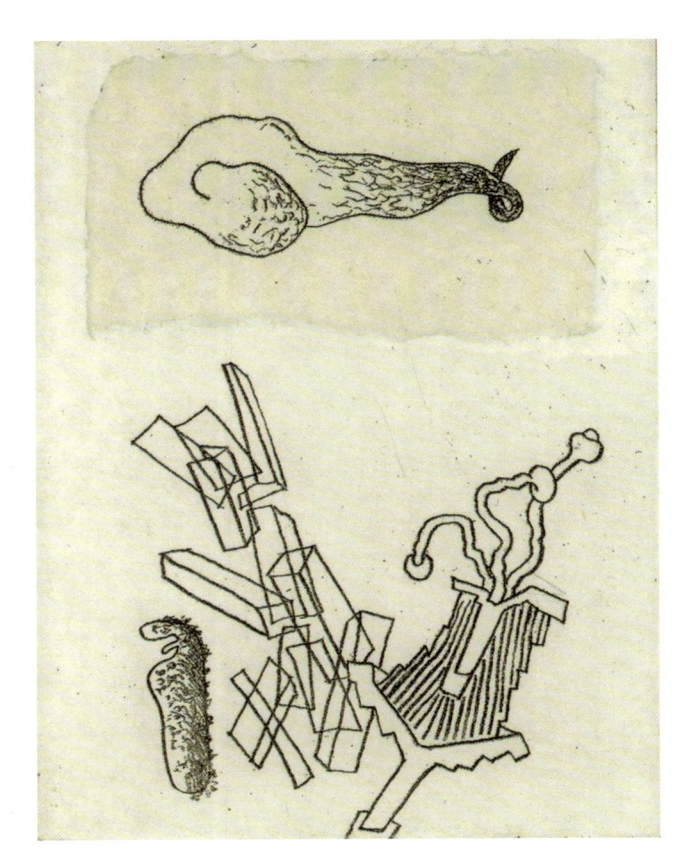

1996, Blue Note, Holzschnitt, 120 x 93 cm

1996, Blue Note, Holzschnitt, 120 x 93 cm

1996, Dschungelfahrt, Holzschnitt, 93 x 120 cm

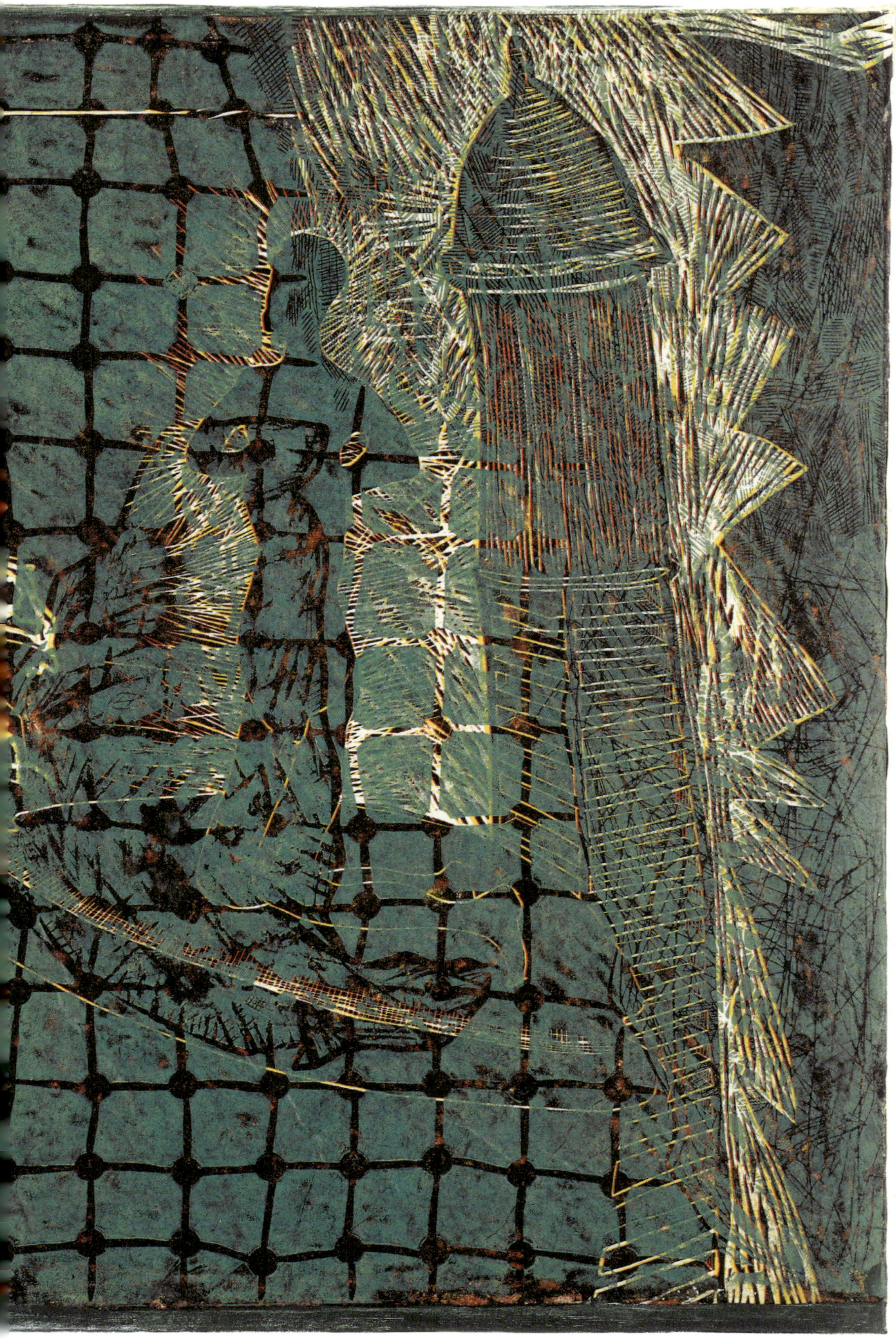

1996, Blue Note, Holzschnitt, 120 x 93 cm

1996, Das Symbol, Holzschnitt, 120 x 93 cm

1996, «Das Birnenholz», Das junge Alter, 25 x 18 cm

1996, «Das Birnenholz», Gespräch, 25 x 18 cm

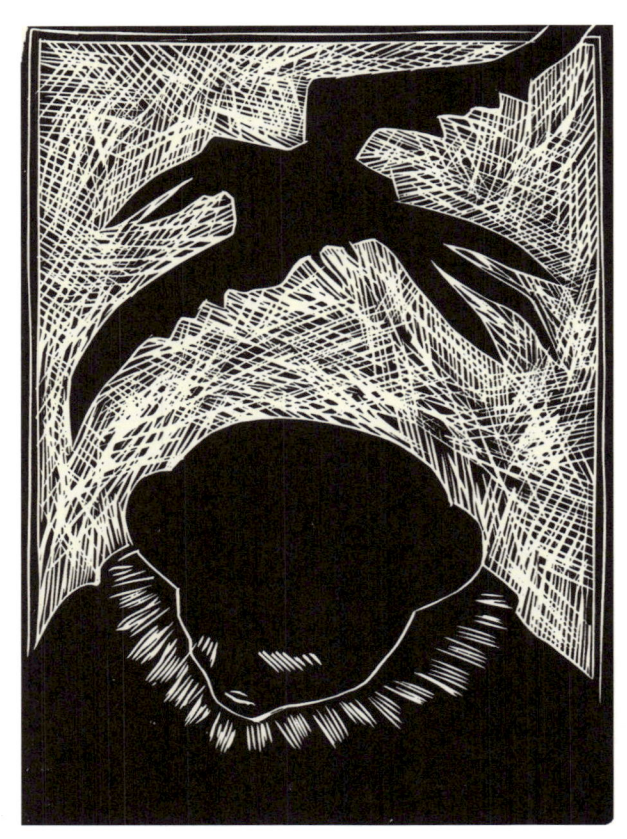

1996, «Das Birnenholz», Der Gaukler, 25 x 18 cm

1996, «Das Birnenholz», Krieger, 25 x 18 cm

1996, «Das Birnenholz», Das alte Tal, 25 x 18 cm

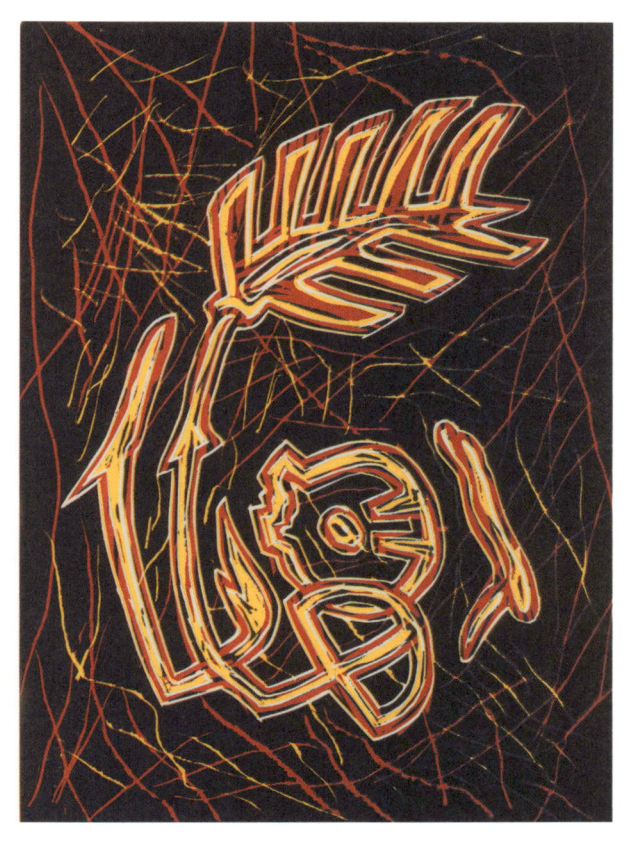

1996, «Das Birnenholz», Pflanze, 25 x 18 cm

1996, «Das Birnenholz», Der schwarze See, 25 x 18 cm

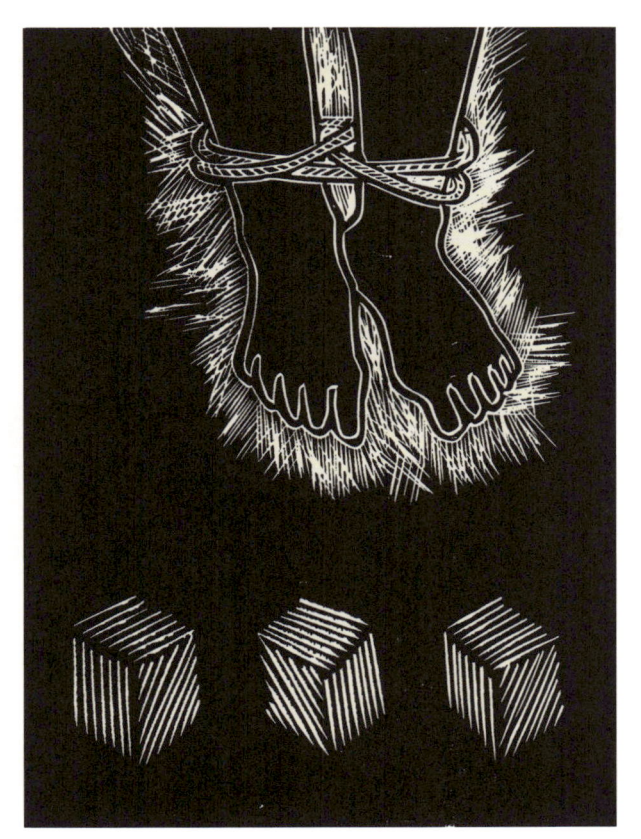

1996, «Das Birnenholz», Die 3 Nägel, 25 x 18 cm

99

1996, «Das Birnenholz», Detail der Ausstelung

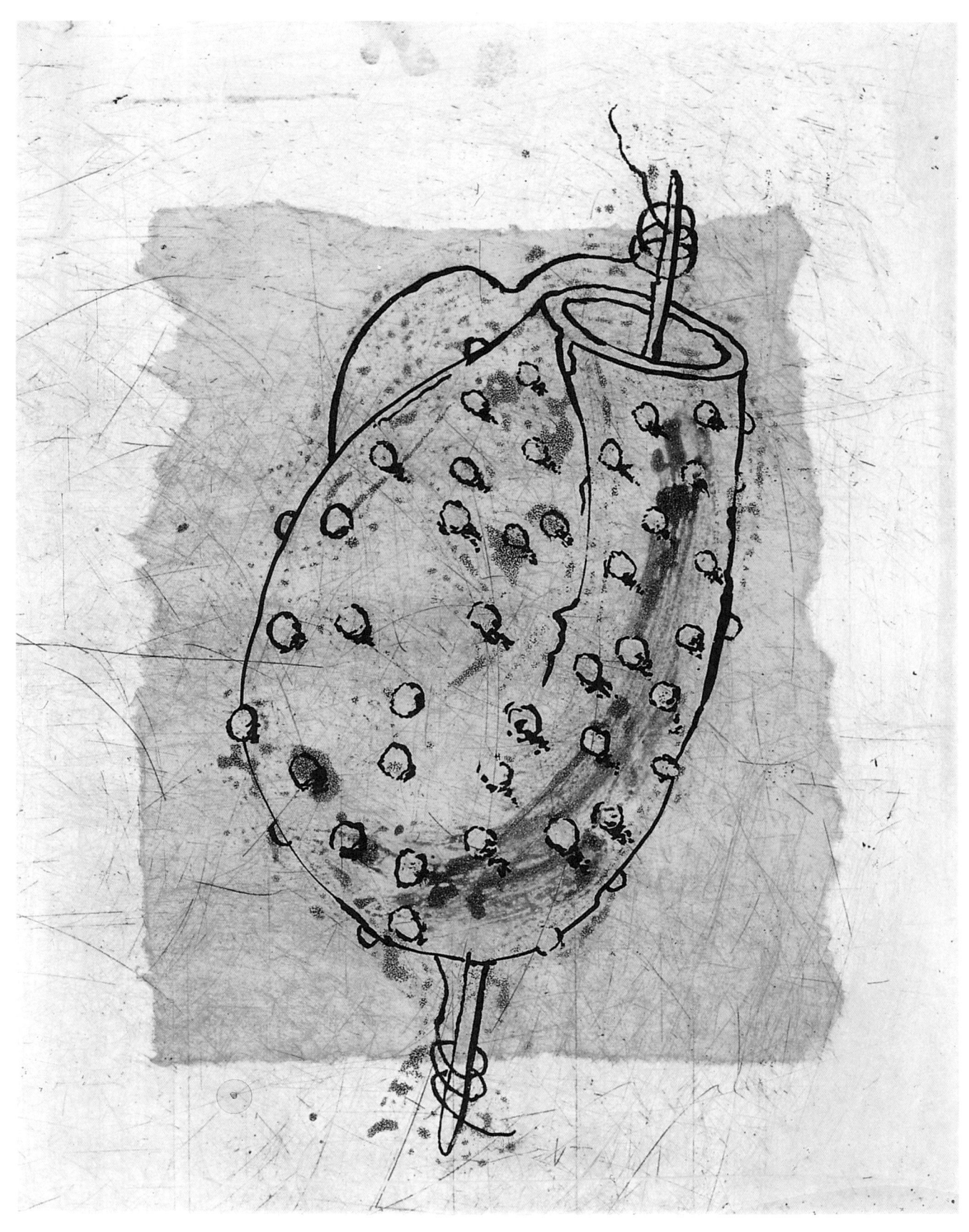

1998, Der Kürbis, Radierung, 50 x 38 cm

1998, Das Haus, Radierung, 50 x 38 cm

1998, Das Tal, Radierung, 50 x 38 cm

1998, Der Brunnen, Radierung, 50 x 38 cm

1998, Der Korb, Radierung, 50 x 38 cm

1998/99, Palisadenfigur, Schamotte/Holz, H 35 cm

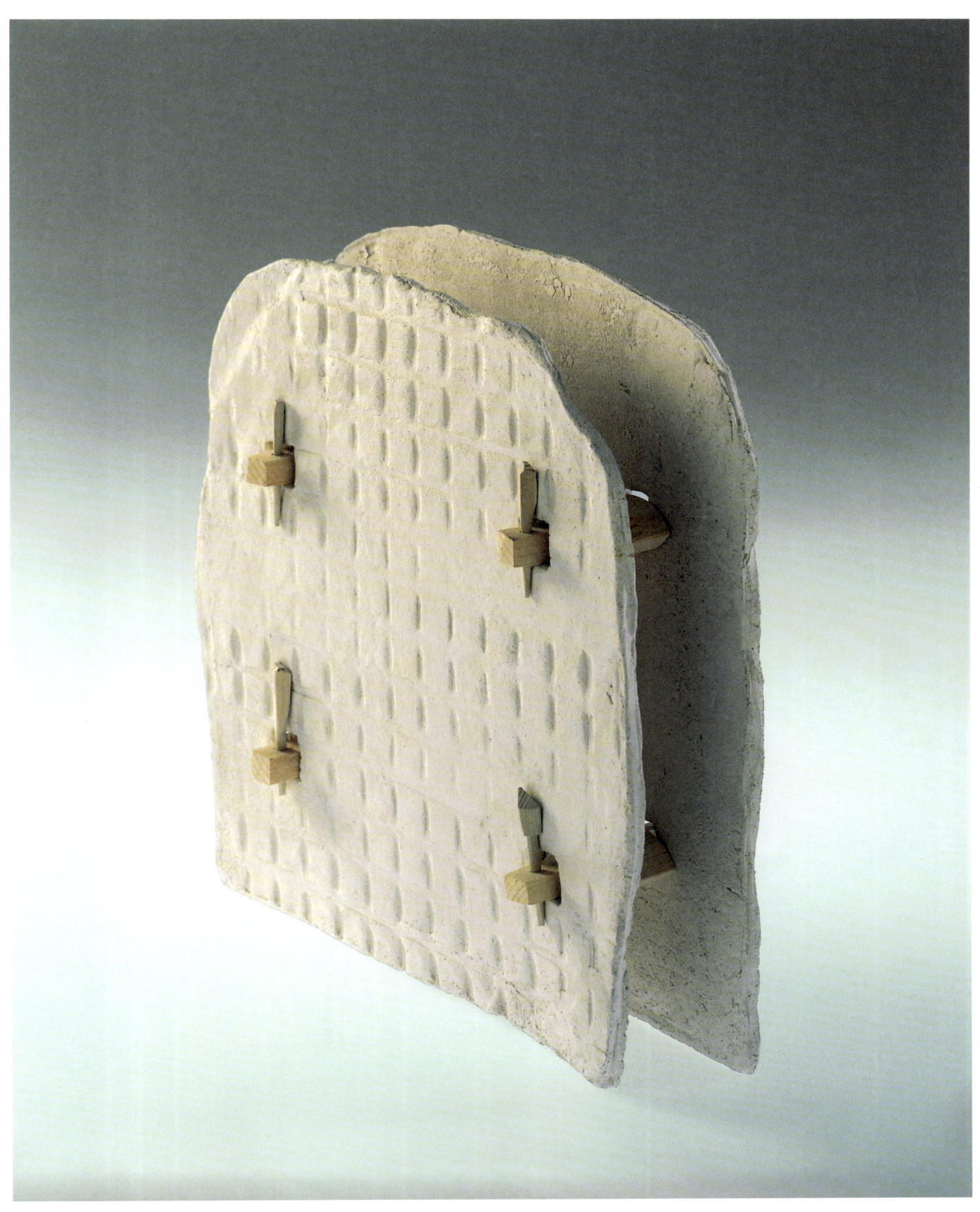

1998/99, Tempel, Schamotte/Holz, H ca. 40 cm

1998/99, Mauer, Schamotte, H 24 x L 50 cm

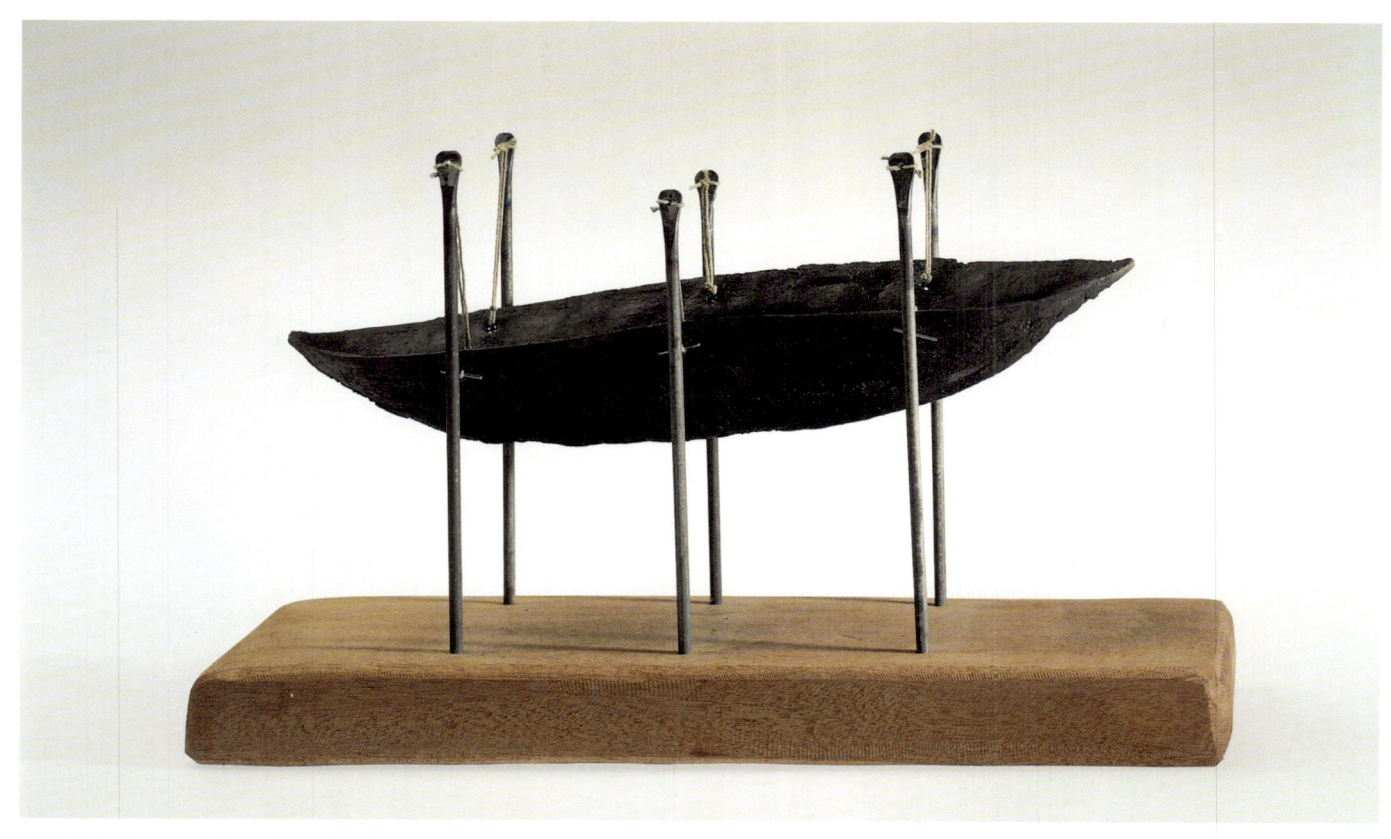

1998/99, Hängeschiff, Schamotte/Eisen/Holz, ca. H 28 x L 40 cm

1998/99, Schwemmholzleiter, Holz/Karton/Gips, H 85 x B 30 x 30 cm

1998/99, Wand, Schamotte/Holz, H 24 x L 45 cm

1998/99, Wagen, Holz/Metall, H 20 x B 27 x L 80 cm

1998/99, Schiffswagen, Baumrinde/Bronce, L 22 cm

1998/99, Haus, Lehm, Ø ca. 30 x H 13 cm

2005/2006, Hohes Atelierhaus, Schamotte/Papier maché, H 48 x B 30 x 30 cm

2005/2006, Tessiner Haus, Papier maché, Ø 38 x H 22 cm

2005/2006, Atelierhaus, Holz/Papier maché, H 23 x L 60 cm

2001, Ponte Vecchio, Radierung, 30 x 39 cm

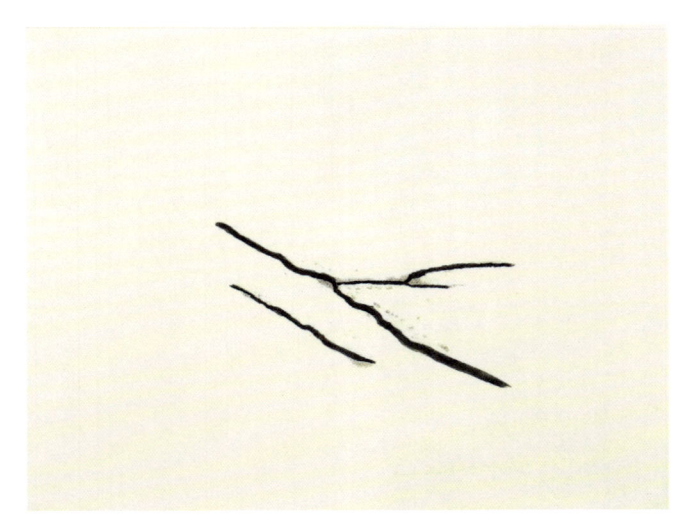

2001, Ausblick, Radierung, 30 x 39 cm

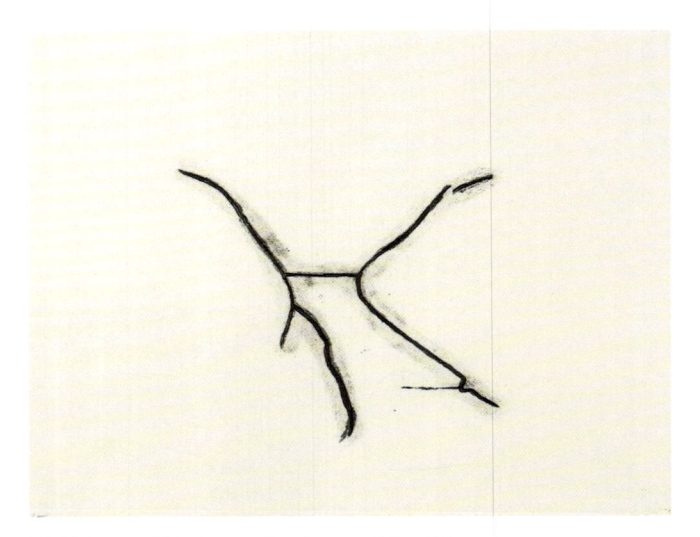

2001, Lago di Verbano, Radierung, 30 x 39 cm

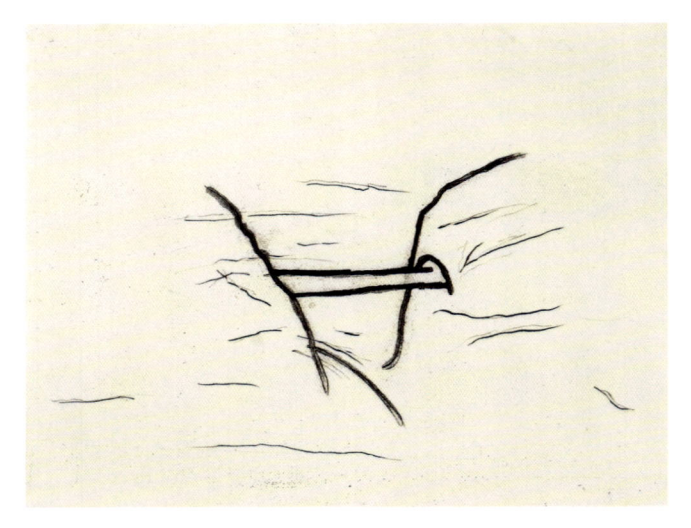

2001, Leventina, Radierung, 30 x 39 cm

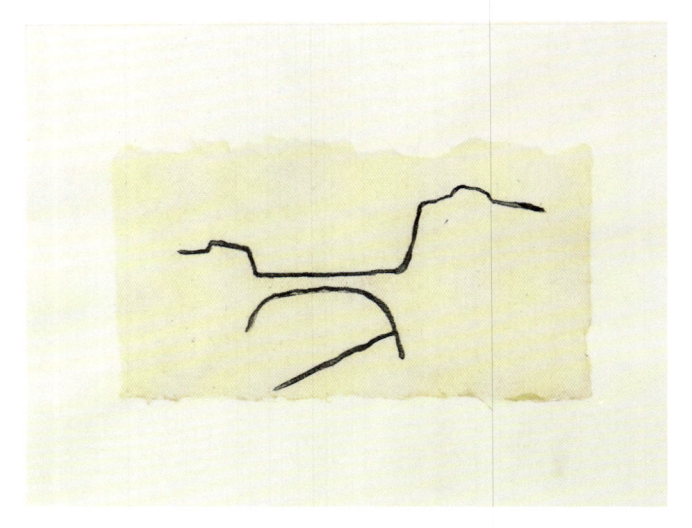

2001, Pastificio Vecchio, Radierung, 30 x 39 cm

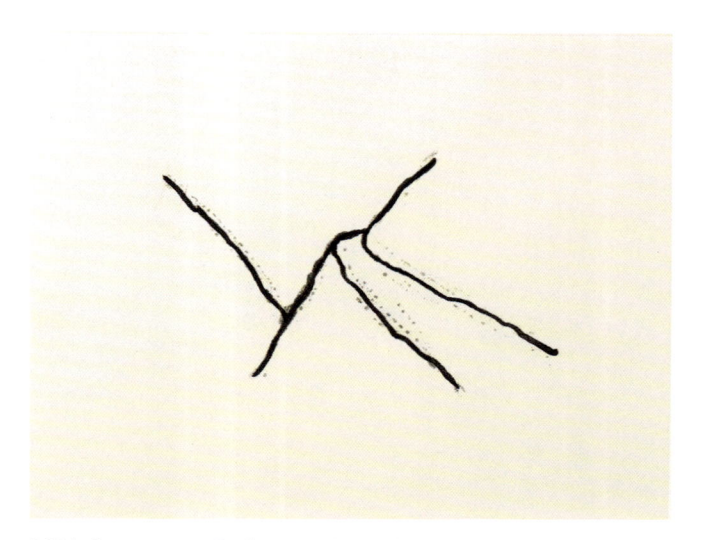

2001, Onsernone, Radierung, 30 x 39 cm

2001, Seeblick, Radierung, 30 x 39 cm

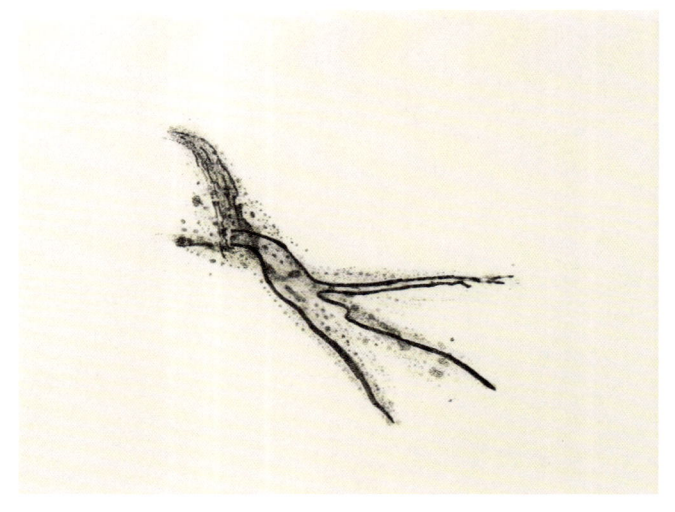

2001, Foroglio, Radierung, 30 x 39 cm

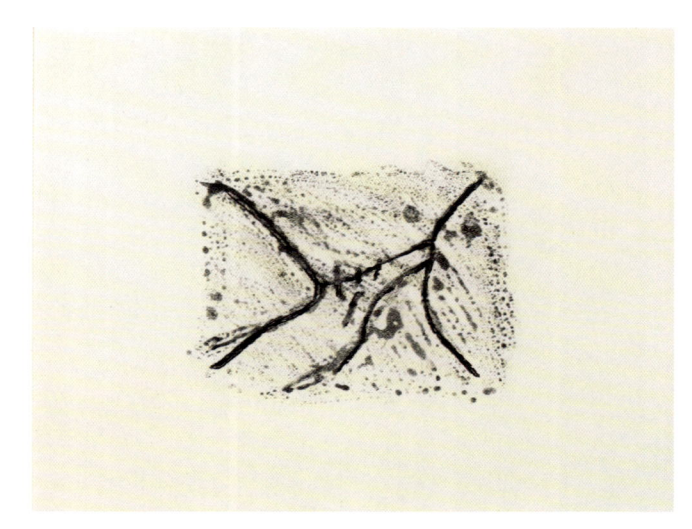

2001, Regen, Radierung, 30 x 39 cm

2003, aus der Serie «Die Gärten», mehrfarbige Holzschnitte, je 100 x 80 cm

2003, aus der Serie «Die Gärten», mehrfarbiger Holzschnitt, 100 x 80 cm

2003, aus der Serie «Die Gärten», mehrfarbiger Holzschnitt, 100 x 80 cm

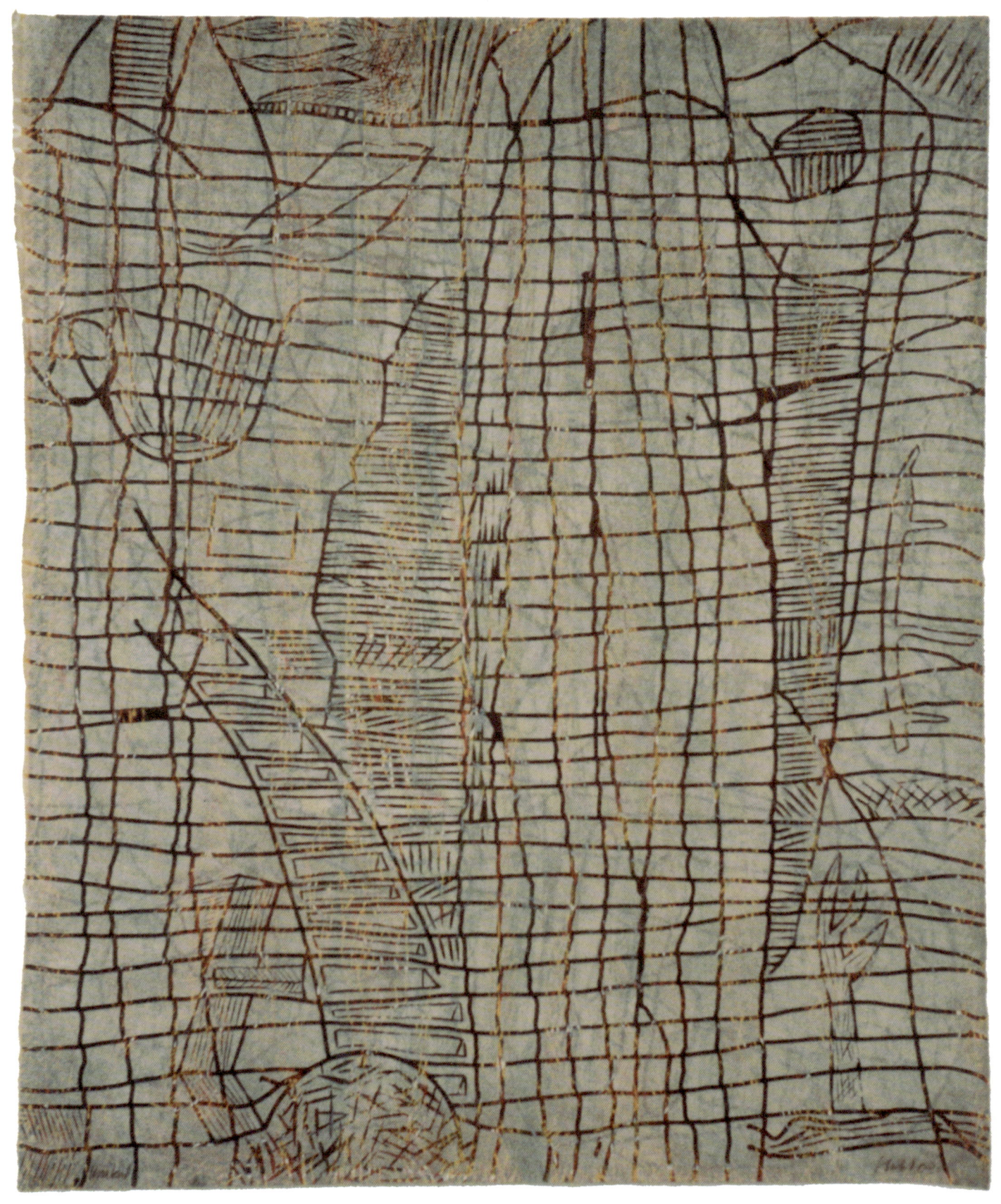

2003, aus der Serie «Die Gärten», mehrfarbiger Holzschnitt, 100 x 80 cm

2003, Bahnhof, Mischtechnik auf Leinwand, 80 x 60 cm

2003, Stadt, Mischtechnik auf Leinwand, 60 x 80 cm

2003, Treppe, Mischtechnik auf Leinwand, 60 x 80 cm

2003, In den Bergen, Mischtechnik auf Leinwand, 60 x 80 cm

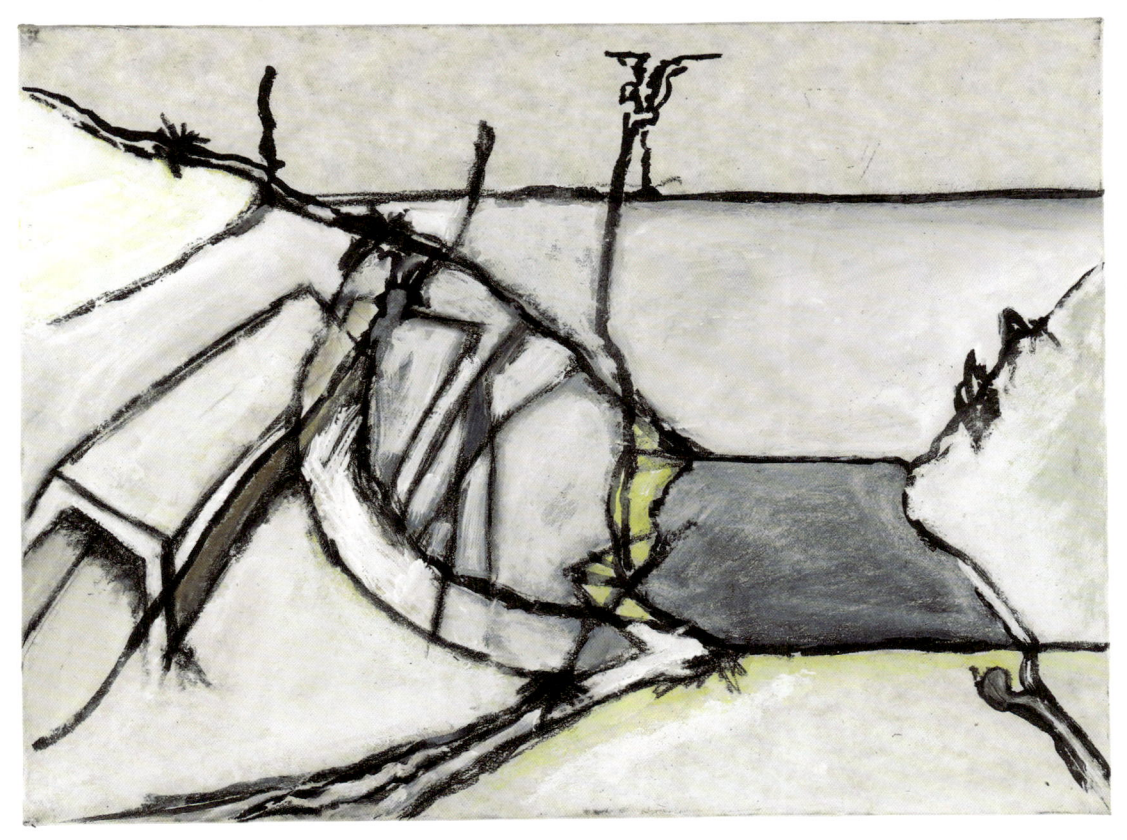

2003, Auf das Meer hinaus, Mischtechnik auf Leinwand, 60 x 80 cm

2003, Pavillon, Mischtechnik auf Leinwand, 80 x 60 cm

2003, ohne Titel, Mischtechnik auf Papier, 42 x 31 cm

2003, Konstruktion, Mischtechnik auf Papier, 42 x 31 cm

2003, Pavillon, Mischtechnik auf Papier, 42 x 31 cm

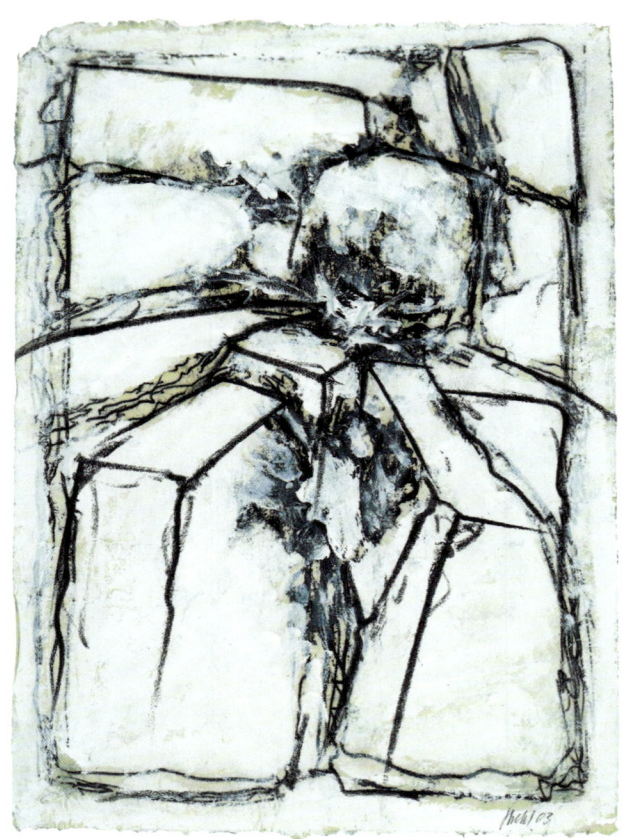

2003, Häuser, Mischtechnik auf Papier, 42 x 31 cm

2003, Station, Mischtechnik auf Papier, 42 x 31 cm

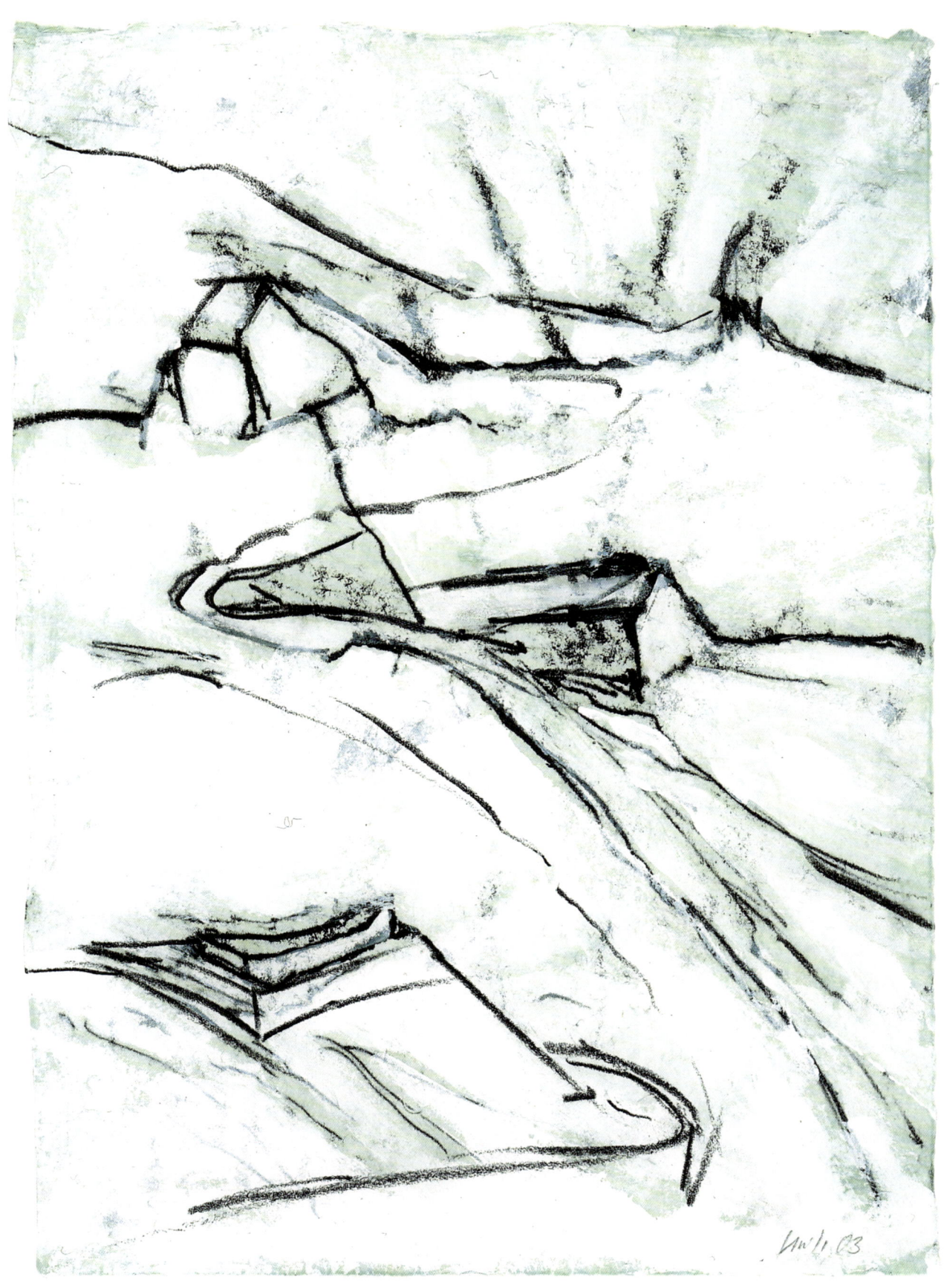

2003, In den Bergen, Mischtechnik auf Papier, 42 x 31 cm

2006, Turm, Monotypie koloriert auf Papier, 76 x 53 cm

2005/2006, Villa, Monotypie koloriert auf Papier, 53 x 76 cm

2005/2006, Die Farm, Monotypie koloriert auf Papier, 53 x 76 cm

2005/2006, Haus und Treppe, Monotypie koloriert auf Papier, 53 x 76 cm

2005/2006, Haus und Treppe, Monotypie koloriert auf Papier, 53 x 76 cm

2006, Turm, Monotypie koloriert auf Papier, 76 x 53 cm

2006, Turm, Monotypie/Zeichnung auf Papier, 76 x 53 cm

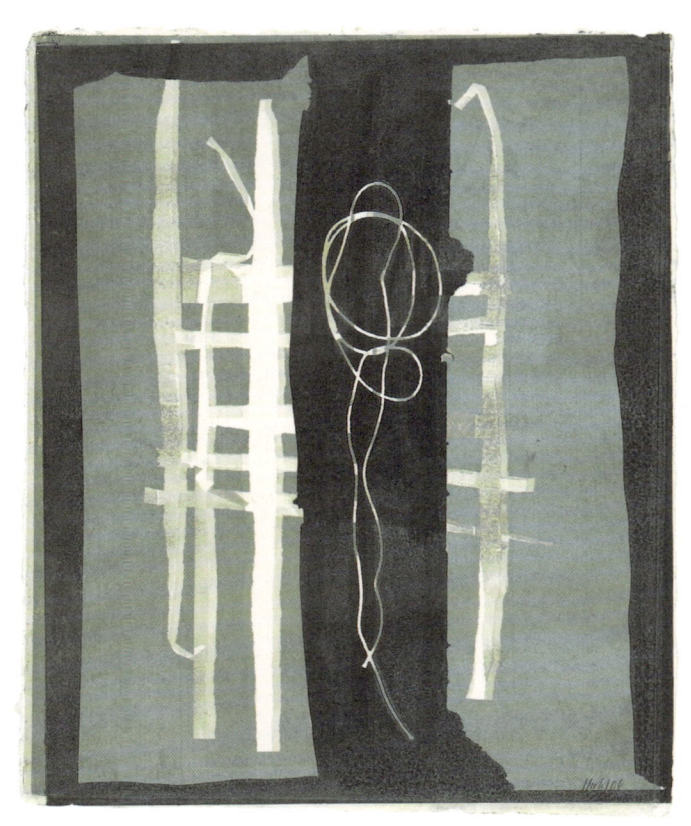

2006, Schnur, Monotypie auf Papier, 60 x 45 cm

2006, Paar, Monotypie auf Papier, 60 x 45 cm

2006, Haus, Monotypie auf Papier, 60 x 45 cm

2006, Insekt, Monotypie koloriert auf Papier, 60 x 45 cm

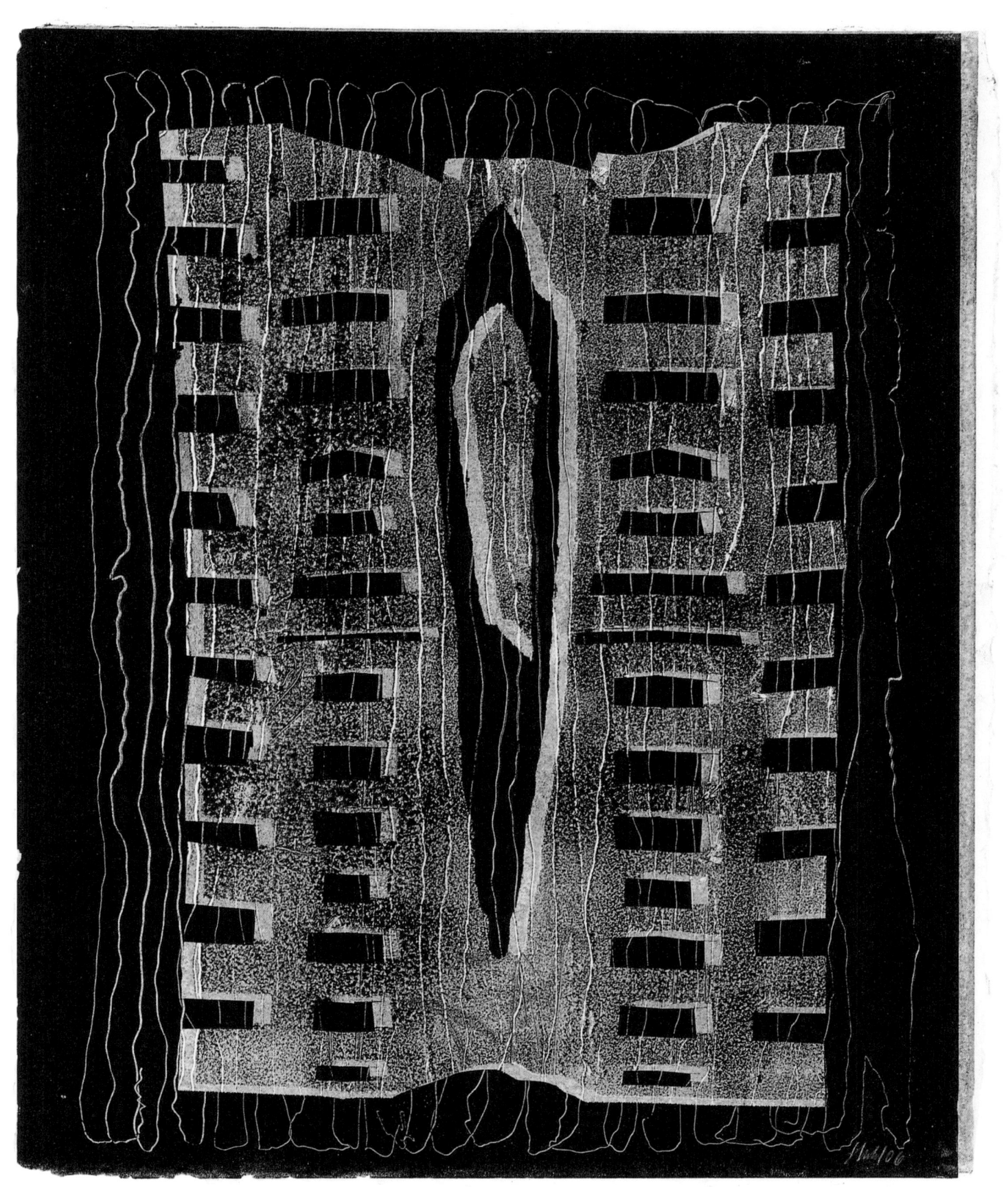

2006, Die Nacht, Monotypie auf Papier, 60 x 45 cm

2006, Pavillon, Monotypie koloriert auf Papier, 60 x 45 cm

2006, Villa, Monotypie koloriert auf Papier, 53 x 76 cm

2007, In den Bergen, Holzschnitt, 50 x 70 cm

2007, In den Bergen, Holzschnitt, 50 x 70 cm

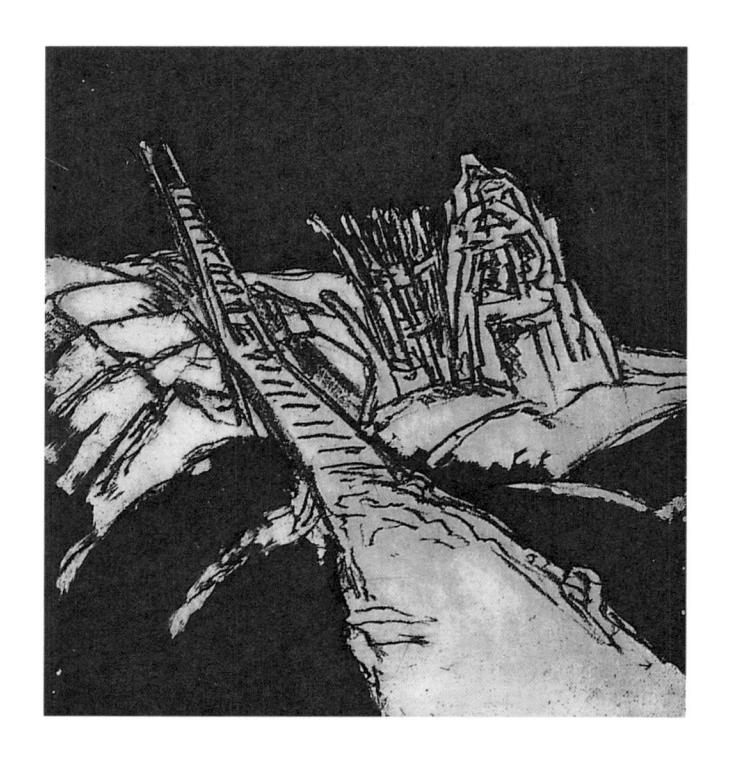

2007, In den Bergen, Radierungen, je 20 x 19 cm

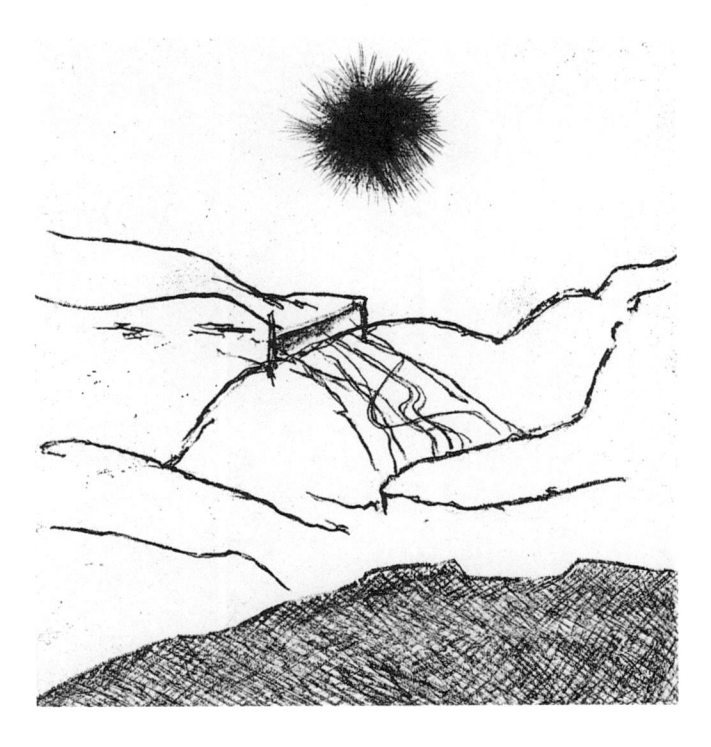

2007, In den Bergen, Radierungen, je 20 x 19 cm

2008, Das Haus im Süden, Karton/Zement, H 25 x B 26 x 30 cm

2008, Minarett, Karton/Holz/Zement, H 64 x B 20 x 22 cm

2008, Kino, Holz/Karton/Zement, H 37 x B 33 x 19 cm

2008, Tessiner Turm, Holz, H 55 x B 10 x 10 cm

2003, Atelierhaus, Karton/Holz bemalt, H 26 x B 33 x 40 cm

2008, Abtei, Holz/Karton/Sand, H 26 x B 20 x L 45 cm

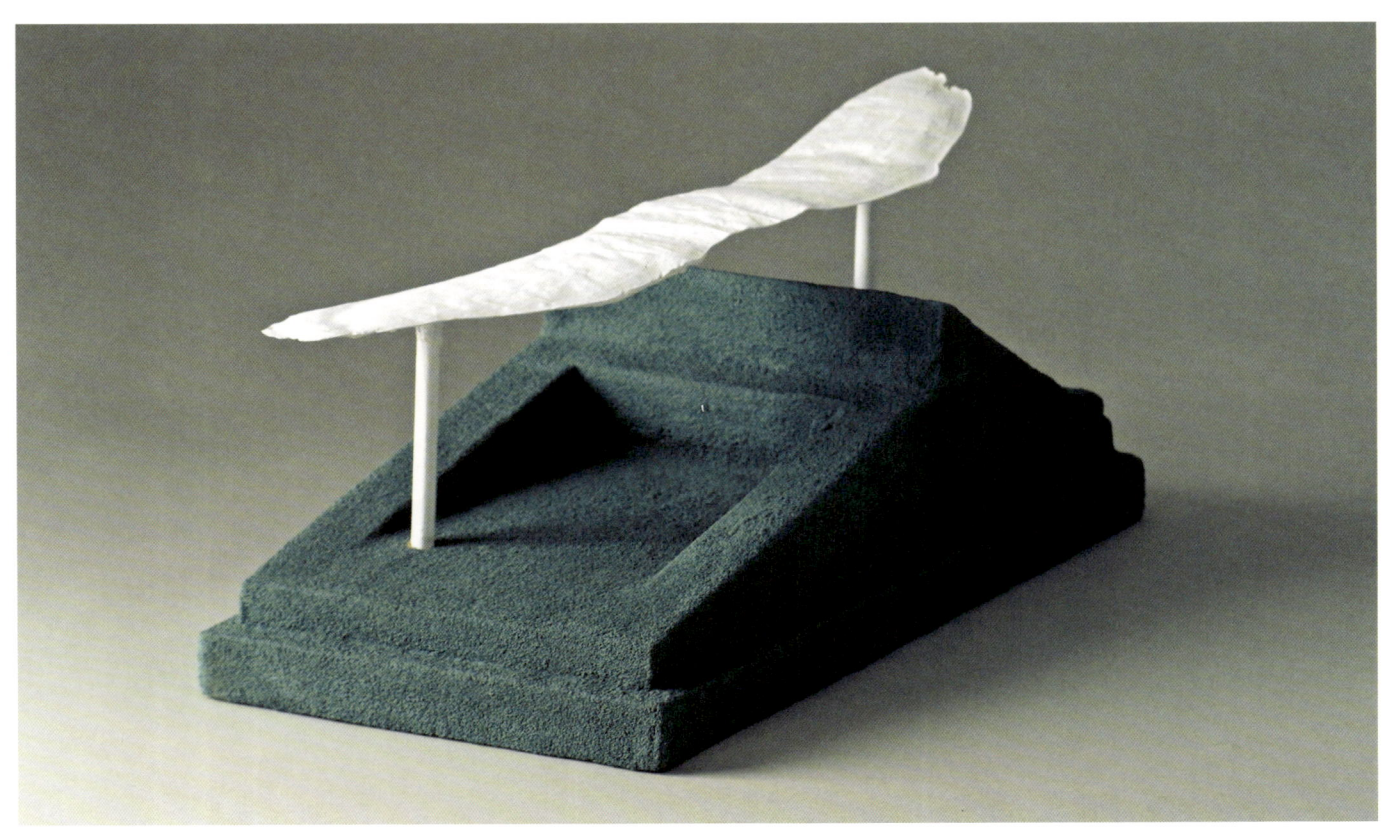

2008, Haus mit weisser Wolke, Karton/Sand/Polyester, H 26 x B 28 x L 55 cm

2008, Einsiedelei, Holz/Speckstein, H 52 x B 12 x 8 cm

Peter Stiefel, Rom 1968

Biografie

Peter Stiefel
Geboren am 4. Januar 1942 in Hausen am Albis

1958/59	Kunstgewerbeschule in Zürich (bei Ernst Gubler)
1960	Lehre als Dekorateur
1963/64	Aufenthalt in München und Spanien
1964	Assistent bei Silvio Mattioli
1965	Bühnenbild beim Fernsehen DRS
1967/69	Aufenthalt in Rom
	Art Director des Films «Necropolis»
	von Franco Brocani
1970	Arbeit im Schweizerischen Landesmuseum
1971	Assistent bei Kurt Metzler
1972	Assistent bei Friedrich Kuhn
1974	Reise von Kanada über Amerika, Mexico bis Guatemala
	Aufenthalt in Toronto
	Erste Grafikausstellung
1975	Atelier in Breganzona
1978	Umzug nach Cavigliano
	Mitarbeit Ausstellung «Monte Verita»
	von Harald Szemann
1980	Übersiedlung nach Zürich
1984	Arbeit als Kupferdrucker bei Peter Kneubühler und als Zeichnungslehrer
1991/92	«Schwäbischer Kunstsommer»
	Lehrauftrag Universität Augsburg mit Peter Paul
Seit 1995	Mitarbeit am Projekt «campo nomade primaverile» von Franco Lafranca, Val Bavona, Tessin
Seit 1997	Mitarbeit an der Zeitschrift für Literatur und Kunst «Der Mongole wartet», Herausgeber Michael Arenz, Bochum
1998	«Pentiment» Fachhochschule für Gestaltung Hamburg
	Gastprofessur Druckgrafik
2001	Assistent für die Ausstellung «Lieu de Rencontres» von Matias Spescha in Lac, Sigean FR
Seit 1995	Arbeit als freier Künstler und Drucker in Kilchberg, Zürich

Mitglied der Visarte, Verein Bildender KünstlerInnen und ArchitektInnen (seit 2001 Präsident Gruppe Zürich) sowie Mitglied von Xylon, Verein Schweizerischer HolzschneiderInnen

Einzelausstellungen

1965	Atelierausstellung, Kilchberg
1971	Galerie Froschaugasse, Zürich
1972	Galerie La Tienda, Zürich
1974	Galerie Jürg Coray, Zürich (Katalog)
1975	Home Gallery, Berg, St. Gallen
	Galleria Il Pavone, Lugano
1976	Galleria del Bosco, Bosco Luganese
1977	Galleria del Bosco, Bosco Luganese
1978	Galerie Maurer, Zürich
1979	Home Gallery, Berg, St. Gallen
	Galleria Il Pavone, Lugano
1980	Galleria d'Arte, Mendrisio
	Klusgalerie, Zürich
	Galleria d'Arte S.R. Baviera, Cavigliano
1981	Galerie Baviera, Schulze und Baltensperger, Zürich (Katalog)
1982	Galleria d'Arte S.R. Baviera, Cavigliano
	Galerie Baviera, Schulze und Baltensperger, Zürich (Katalog)
1983	Galerie Baviera, Schulze und Baltensperger, Zürich
	Galerie Schürer, Biel
1984	Galerie im Spital Wädenswil
1985	Galerie Krone 16, Adliswil
1987	Galerie Esther Hufschmid, Zürich (Katalog)
1988	Galerie zur Krähe, Basel
	Centro Culturale Beato P. Berno, Ascona
1990	Galerie Esther Hufschmid, Zürich
1993	Galerie Atelier Alexander, Winterthur
1994	Galerie Esther Hufschmid, Zürich
	Galleria sotto una buona stella, Locarno
1996	Atelierausstellung bei Peter Paul, Hamburg
	Galerie Heidi Schneider, Horgen
	Galerie Atelier Alexander, Winterthur
1997	IG-Halle Alte Fabrik, Rapperswil
	Kulturtreff Adliswil
	Swisslog Holding, Aarau
1999	Galerie Esther Hufschmid, Zürich
2002	Galerie Esther Hufschmid, Zürich
	Galerie Fravi, Domat Ems
2004	Galerie Atelier Alexander, Winterthur
2005	Galerie Art+Vision, Bern
2006	Galerie Fravi, Domat Ems, mit Regula Schiess Stiefel (Skulpturen)
2007	Galerie Esther Hufschmid, Zürich
2007	Kulturtreff Adliswil, mit Regula Schiess Stiefel (Skulpturen)
2008	Galerie Esther Hufschmid, Zürich

Gruppenausstellungen

1964/65	Zürich Land, Kunstmuseum Winterthur
1972	Galerie La Tienda, Zürich
1973	Zürcher Künstler «Neue Tendenzen», Zürich
	Weihnachtsausstellung Galerie Jürg Coray, Zürich
1974	Lawinenausstellung, Reithalle Gessnerallee, Zürich
	Zürcher Künstler in den Züspa-Hallen, Zürich
1975	«Das Fenster», Galerie Trittligasse, Zürich
	«DIN A4», Galerie S. R. Baviera, Zürich, Paris, Hamburg
1977	Zürcher Kunstkammer zum Strauhof, Zürich
	Artisti di Breganzona, Breganzona
	Zürcher Künstler in den Züspa-Hallen, Zürich
	Weihnachtsausstellung Galerie Ernst Scheidegger, Zürich
1978	Zürcher Künstler in Wien
	«Szene 78», Kunsthaus Zürich
	Weihnachtsausstellung Zürcher Künstler, Helmhaus, Zürich
1979	Weihnachtsausstellung Zürcher Künstler, Helmhaus, Zürich
	Strauhof-Ausstellung mit Astrid Keller und Timmerman, Zürich
	«Vorschlag für ein anderes Kunstmuseum», S. R. Baviera, Kunsthaus Olten, Kunsthalle Winterthur und Zürcher Kunstkammer zum Strauhof, Zürich
1982	Internationale Triennale für farbige Druckgrafik, Grenchen
1983	7. Internationales Plastik Symposion Lindau am Bodensee
1986	Sammlung Baviera, Museum am Ostwall, Dortmund
1986–89	Galerie Bertram mit Franz Anatol Wyss und Hans Bach, Burgdorf
	Strauhof-Ausstellung mit Sven Knebel und Peter Meister, Zürich
	Radierer-Ausstellung, Galerie Esther Hufschmid, Zürich
	Radierer-Ausstellung, Galerie Esther Hufschmid im Kunsthaus Glarus
1994	«Schöner Malen», Helmhaus Zürich
1995	«Zustand», Centre Pasqu'art, Biel
	«Kunststrasse 95», Künstler an der Bahnhofstrasse, Zürich
	«À chacun sa Montagne», Musé Jenisch, Vevey
	«Künstler des linken Zürichseeufers», Galerie A 121 Steiner&Knecht, Thalwil
1996	«Die Durchtunnelung der Normalität», Helmhaus Zürich
1997	Museum Baviera, Haus am Waldsee, Berlin
2002	«Winterbilder», Künstler der Visarte Zürich, Kulturtreff Adliswil
2004	«Zeitlinie 30. Ein Jubiläum». 22 KünstlerInnen Galerie Esther Hufschmid, Zürich
2005	Skulpturenausstellung Metropol, Visarte Zürich

Ankäufe der Städte Zürich und Adliswil sowie des Kantons Zürich und der Eidgenössischen Kunstkommission. Vertreten in privaten Sammlungen in Zürich, New York, Toronto, Rom, Lugano, Bochum, Düsseldorf und München

Bibliografie

1974	TAT, «Peter Stiefel in der Galerie Coray», Hans Neuburg,
	Katalogtext von Charles Lienhard
1976	Corriere del Ticino, «Pittura simbolica di Peter Stiefel», G. Volonterio
1980	«Vita Nuova. Peter Stiefel alla Galleria d'Arte Mendrisio», Roberto Milan
	«Il Dovere La Fuga Nell Onirico», Roberto Milan
	«Opera», Max Ramp
	«Sind Ideen gerecht», Silvio R. Baviera
1987	Katalog «Die Zürcher Schädelstätte», Vorwort Martin Kraft
1988	Ansprache von G.P. Camponuovo, anlässlich der Ausstellung im Centro Culturale B.B. Ascona
1997	Zürichseezeitung, «Bilder einer Lebensreise. Ausstellung IG-Halle Rapperswil», Martin Kraft
2001	Zürcher Magazin, «Abenteuerliche Suche nach Symbolen». Text Peter K. Wehrli, Fotos Horst Pfingsttag
2004	Der Landbote, «Bestrickende Netzwerke», Christina Peege

Stipendien

1966	STEO Stiftung Zürich
1975	Stipendium des Kantons Zürich
1976	STEO Stiftung Zürich

Filme

1987   Schweizer Fernsehen DRS (Karussel), «Die Zürcher Schädelstätte», Oliver Altdorf

2006   Interview Peter Stiefel mit Alex Kleinberger. Ein Film von Stefan Stucki

2007/08   Peter Stiefel in seinem Atelier. Ein Film von Stefan Stucki

Öffentliche Aufträge

1992   «Die Eggbühler Jahreszeiten» (Wettbewerb). 10 grossformatige Radierungen für die Eingangshalle des Bürogebäudes Eggbühl, Fides Trust AG, Zürich

1994   «Die fünf Kontinente und Atlantis» (Wettbewerb). 6 Wandbilder in Serigrafie, Universitätsspital Rheumaklinik, Zürich

Mappenwerke

1981   «Das Sommergrab»
Text «Das Sommergrab» von Peter Stiefel
Auflage: nummeriert und signiert von 1–15, 5 EA
Druck: Peter Kneubühler, Zürich

1988   «Das Bergwerk»
Mit einem Gedicht von Peter Stiefel
Auflage: nummeriert und signiert von 1–15, 2 EA
Druck: Peter Stiefel, Kilchberg

1989   «Das Blindenbuch»
Mit einem Gedicht von Peter Stiefel
Auflage: nummeriert und signiert von 1–10, 1 EA
Druck Peter Stiefel, Kilchberg

1991   10 Linolschnitte, mehrfarbig
Auflage: nummeriert und signiert von 1–15, 1 EA
Druck: Peter Stiefel, Kilchberg

1993   «Via Crucis»
Radierung und Serigrafie
Auflage: nummeriert und signiert von 1–15, 1 EA
Druck Radierungen: Peter Stiefel, Kilchberg
Druck Serigrafien: Franco Lafranca, L'Impressione Edizioni, Locarno

1996   «Aquarium»
6 Radierungen
Auflage: nummeriert und signiert von 1–21, Vorzugsausgabe I–VI
Druck: Peter Stiefel, Kilchberg
Edition Atelier Alexander, Winterthur

1996   «Das Birnenholz. Nächtliche Entscheidungen in Hamburg»
24 z.T. mehrfarbige Holzschnitte
Auflage: 24 handgebundene Bücher, nummeriert und signiert von 1–24, 3 EA
Druck: Peter Stiefel, Kilchberg

2001   «Tessiner Landschaften»
2 Kassetten mit je 10 Radierungen in verschiedenen Techniken, dazu von jedem Motiv Einzelblätter
Auflage: nummeriert und signiert von 1–5, 2 EA
Druck: Peter Stiefel, Kilchberg

Frieda und Max Stiefel, ca. 1960

Otto Charles Bänninger

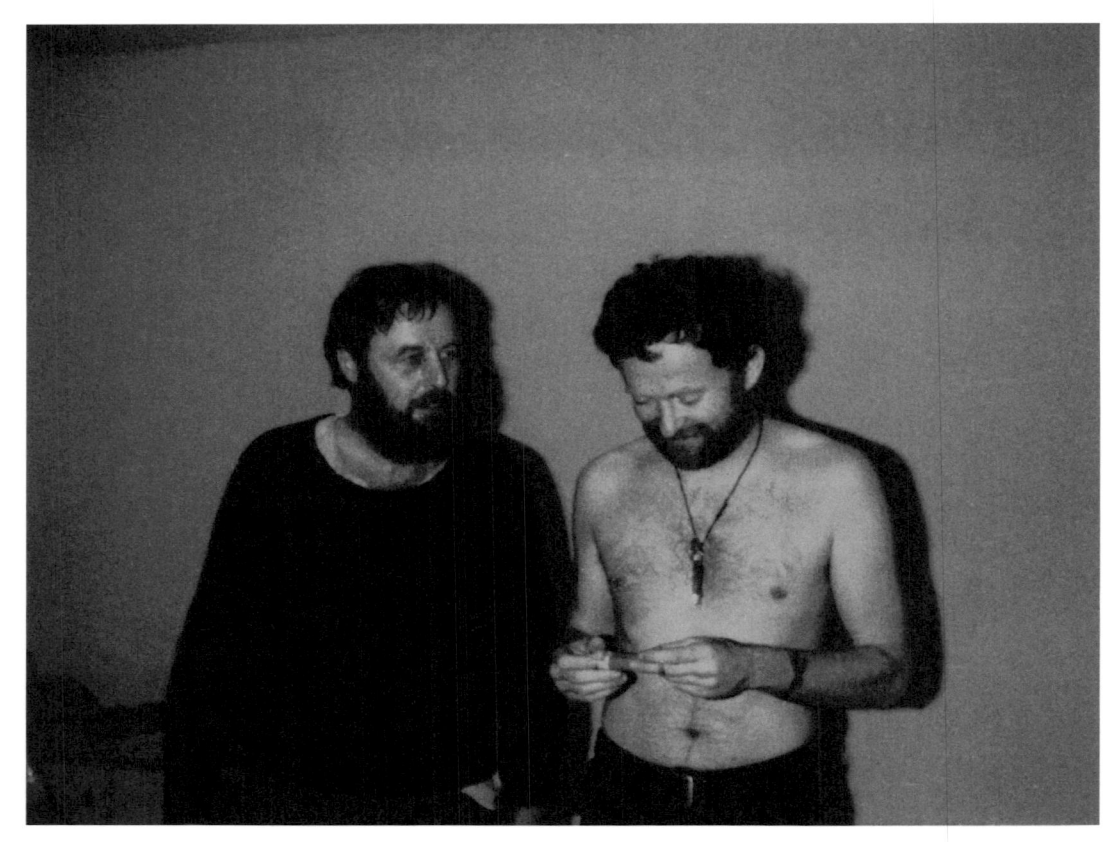

Harald Szemann und Peter Stiefel, Ausstellung Monte Verita, 1978

Mario Merz und Peter Stiefel, Kunsthaus Zürich, 1985

Peter Kneubühler, Peter Paul und Peter Stiefel im Druckatelier Kneubühler, 1989

Franco Lafranca und Peter Stiefel, 1994

Peter Stiefel, Ausstellung «Das Birnenholz» in Hamburg, 1996

Esther Hufschmid in der Ausstellung von Peter Stiefel, 1999

Regula Schiess Stiefel und Matias Spescha, Bages 2003

Matias Spescha und Peter Stiefel in der Druckerei Studer, 2007

Max Ramp, 1996

Atelier Peter Stiefel, Kilchberg, 2007

Autoren

Martin Kraft
Geboren 1945 in Kilchberg ZH. Studium der Germanistik, Kunstgeschichte, französischen Literaturgeschichte und Komparatistik in Zürich und Wien. Promotion 1969 mit einer Dissertation über Max Frisch. Tätigkeit als Werbetexter und als Redaktor in einem Wirtschaftsunternehmen, dann als freier Publizist und Kunst-, Theater- und Literaturkritiker. 1979–1993 Redaktor des Schweizer Feuilleton-Dienstes. Lebt in Adliswil und in Minusio.

Franco Lafranca
Geb. 1953. Künstler, Drucker und Verleger
Lehre als Drucker
1978 Mitarbeiter bei der Verfilmung der Romane von Blinio Martini
1981–84 Selbständiger Fotograf
1982–83 Mitarbeit beim Projekt «tomba d'estate» von Peter Stiefel
Seit 1988 Inhaber der «Stampa d'arte/L'impressione Edizioni», Locarno
1997 Gründung der Kulturstätte «Campo Nomade Primaverile» in Sabbione-Val Bavona und Arbeiten an verschiedenen «landart»-Projekten
Stellt regelmässig in der Schweiz und im Ausland mit Aktionen, Installationen und Performances aus

Max Ramp
1937–2006
«Man gab mir einen falschen Namen.
Offenbar wusste niemand, wer ich war.»
Abitur an der Kantonalen Oberrealschule Zürich
Arbeit als Kameramann und Regieassistent mit Luc Jersin, Christian Schocher, Isa Hesse u.a.
Gross-Skulpturen aus Eisenbahnschwellen, unter anderem das sechs Meter hohe Monument «Memnon Dyna-Statikos» (1985)
Selbsternannter «Bildbauer»
Zahlreiche Ausstellungen mit intarsienartigen Holzbildern
Mitarbeit am Projekt «tomba d'estate» von Peter Stiefel
Verschiedene, z.T. unveröffentlichte Schriften

Peter K. Wehrli,
Lebt als Schriftsteller in Zürich und Carmine. Studium der Kunstgeschichte. Drehte Filme mit Andy Warhol, Robert Rauschenberg, Jean Tinguely, Bernhard Luiginbühl, Eugène Ionesco. Das Ergebnis einer 1968 unternommenen Eisenbahnfahrt von Zürich nach Beirut im Libanon ist der «Katalog der 134 wichtigsten Beobachtungen während einer langen Eisenbahnfahrt», der 1974 auf englisch in Bolivien erschienen ist und erst 1978 im deutschen Original. Seit mehr als vier Jahrzehnten arbeitet Wehrli an seinem Hauptwerk «Katalog von Allem», der 1999 als Buch im Knaus-Verlag, München, herauskam und seither durch den «Brasilianischen Katalog», (Recife 2000), den «Lateinamerikanischen Katalog» (Cochabamba 2005) und den «Neuen Brasilianischen Katalog» (Pernambuco 2006) fortgesetzt und erweitert worden ist. Das Ergebnis einer ausgedehnten Lesetournée durch Moçambique ist der «Mosambikanische Katalog» von 2007. Gegenwärtig arbeitet Wehrli am «Azoreanischen Katalog».

Dagmar Weck
1948 in Dorsten geboren. Studium der Germanistik, Geographie und Pädagogik. Realschullehrerin in Bochum, wo sie auch lebt. Veröffentlichungen von Kurzgeschichten und Gedichten in folgenden Zeitschriften: «Der Mongole wartet», Hrsg. Michael Arenz, Bochum, «Macondo», Hrsg. Petra Vesper und Frank Schorneck, Bochum, «Jederart», Essener Zeitschrift für Prosa und Lyrik, «Social-Beat, Slam-Poetry», Killroy-Media-Verlag, Hrsg. Michael und Joachim Schönauer, «Impressum», Periodikum für AutorInnen und VerlegerInnen, Hrsg. Winddruck-Kollektiv, Bottrop, Anthologie «Vater, mein Vater», Hrsg. Peter Segler.